JN458241

스포츠 저널리즘

코너스툴과 라커룸

Sports journalism: Corner stool and locker room

저자 유상건

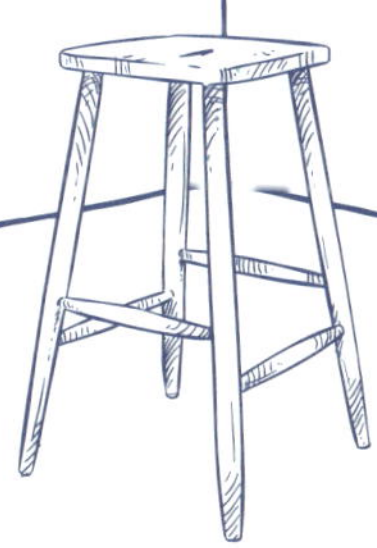

지금

스포츠 저널리즘

코너스툴과 라커룸

스포츠 저널리즘

코너스툴과 라커룸

지은이 유상건
펴낸이 김지연
펴낸곳 지금
초판1쇄 2020년 2월 28일
등록 제319-2011-41호
주소 06924 서울특별시 동작구 장승배기로 128, 305호(노량진동, 동창빌딩)
전화 (02)814-0022 FAX (02)872-1656
홈페이지 http://www.papergold.net
ISBN 979-11-6018-222-4 93070

이 도서의 국립중앙도서관 출판예정도서목록(CIP)은 서지정보유통지원시스템 홈페이지(http://seoji.nl.go.kr)와 국가자료종합목록 구축시스템(http://kolis-net.nl.go.kr)에서 이용하실 수 있습니다. (CIP제어번호 : CIP2020007038)

본서의 무단 인용 · 전재 · 복제를 금합니다.
이 책에 실려 있는 내용은 모두 저자에게 저작권이 있습니다.
저자의 서면 허락 없이 이 책의 내용의 일부 또는 전부를 무단 인용 · 전재 · 복제하면 저작권 침해로서 5년 이하의 징역 또는 5천만원 이하의 벌금에 처하거나 이를 병과할 수 있습니다.
저자와의 협의하에 인지를 생략합니다.

• 책값은 책표지에 표시되어 있습니다.

일러두기

1. 이 책은 국립국어원 표기법을 준수하였다.
2. 외국 인명이나 지명, 작품명은 될 수 있는 한 국립국어원의 외래어 표기법을 따르되, 굳어진 용례는 관행을 따라 표기하였다.
3. 단행본은 겹낫표(『 』)로, 신문, 잡지, 논문, 영화는 홑화살괄호(< >)로 표시하였다.

본 연구는 2018년도 상명대학교 교내연구비를 지원받아 수행하였음.
This research was supported by a 2018 Research Grant from Sangmyung University.

머리말

존 업다이크John Hoyer Updike, 노먼 메일러Norman Mailer, 어니스트 헤밍웨이Ernest Miller Hemingway, F. 스콧 피츠제럴드Francis Scott Key Fitzgerald, 그리고 잭 런던Jack London의 공통점은 이들 모두가 '빛나는' 스포츠 기사를 썼다는 사실이다. 글을 다루는 전문가로서 당연히 이들의 축적된 역량이 반영되었겠지만, 탁월한 기술적 완성도 너머의 그 '어떤 경지'에 이르렀다. 스포츠 기사는 '예술'이고 그래야 한다고 믿는다. 인간이 겪는 영광과 좌절, 고통과 극복, 희망과 절망, 인내와 투혼 그리고 한 인간이 보여줄 수 있는 최고의 위엄까지…. 그 모든 것을 스포츠 기사는 담고 있기 때문이다.

이 책은 현업에 있거나 오래전에 은퇴한, 또는 앞으로 현장을 뛰어다닐 수많은 스포츠 기자들에게 보내는 일종의 '연서(戀書)'이다. 젊은 시절, 그들에게 많이 배우고 느꼈으며 행복했다. 그리고 지금은 스포츠 기자를 꿈꾸는 학생들을 만날 때마다 뿌듯함을 느낀다. 확실히 스포츠 기자라는 직업은 '꿈의 직업dream job'이다. 좋아하는 스포츠를 깊이 알 수 있게 될 뿐 아니라, 꿈꾸던 스타를 매일 만나기 때문이다. 거대한 산업이 되고 있는 스포츠를 옆에서 만들어 나가는 기쁨도 누릴 수 있다. 무엇보다도 위대한 선수들의 '피와 살blood and flesh'을 키보드를 통해 재탄생시키는 일은 짜릿하다.

물론 스포츠 저널리즘에 대한 논문들은 스포츠 기자의 '번아웃 burnout'과 때로는 팬으로부터의 살해 위험에 놓여 있다고 보고하지만 말이다. 스포츠 기자가 하는 일과 해야 할 일을 한 번쯤 정리해 보고 싶었고, 이 책을 통해 응원하는 마음을 담고자 했다.

책의 01은 스포츠 저널리즘이 직면한 몇 가지 문제에 대한 개인적인 문제제기이다. 한국의 스포츠 저널리즘은 그동안 많은 성과를 이루어낸 것도 사실이지만 급격한 미디어 환경 변화에 따라 여러 문제에 노출되어 있다. 기존 미디어들은 역할 축소와 함께 무한 경쟁을 고민 중이다. 블로거나 유튜버 등 디지털 미디어 시대의 주역들도 완전히 자리를 잡지 못하며 암중모색 중이다. 이런 현상에 대한 근원적이고 종합적인 분석과, 대안에는 이르지 못했지만 현재 벌어지고 있는 문제점에 대해서는 지적할 필요가 있다.

02는 스포츠 기사 작성을 위한 기초적인 내용을 담았다. 기사 쓰기와 관련해 국내에 많은 책들이 있지만, 정작 스포츠 기사를 중심으로 다룬 책은 매우 드물었다. 스포츠 기자와 스포츠 저널리즘에 관한 책이 많이 나와 있는 외국과는 대조적이다. 스포츠 기사는 기사라는 점에서는 보편성을 갖지만 스포츠라는 특수성이 있기 때문에 집중적으로 다룰 필요가 있다고 생각했다.

스포츠 기사의 리드와 엔딩은 03에서 소개했다. 어떤 소설가는 첫 문장을 찾아내고서야 비로소 소설을 쓸 수 있었다고 했는데, 공감한다. 스포츠 기사를 쓸 때 첫 문장과 마지막 문장, 또는 최소한 둘 중의 하나가 자연스럽게 떠오르면 기사 쓰기가 수월했다. 그런 날을 단지 '운수 좋은 날'이라 치부했는데, 운보다는 지식이 훨씬 안정적이다. 멋진 문장이 스포츠 기자들의 머릿속에 쉽게 떠오르는 데 도움이 되기 바란다.

스포츠 기자가 취재해야 할 기본적인 내용을 담고 있는 04는 '부장이 취재 지시를 내렸다. 큰일 났다. 뭘 해야 되지?'라는 질문에 대한 답이다. 물론 스포츠 기자는 현장에서 자기가 해야 할 일을 본능적으로 알고 있다. 그러나 기사를 송고하고 난 후에는 반드시 놓친 부분이 있음을 깨닫기 마련이다. 언제나 완벽은 불가능하지만 완벽을 추구하는 것은 가능하다. 전반적인 내용을 눈여겨본다면 실수를 줄일 수 있을 것이다.

스포츠 기사가 제공하는 '희열'은 정치, 경제, 사회 등 여타 분야의 기사와 다른 부분이 분명히 있다. 인터뷰 기사나 칼럼, 피처 기사를 통해 더욱 이를 확장시킬 수 있다고 믿는다. 인터뷰 기술은 시간이 지나면 자신만의 노하우를 갖게 되지만 인터뷰 준비와 과정은 점검할 필요가 있다. 칼럼과 피처 기사는 스포츠 기사의 꽃인데 05의 내용은 스포츠 기사의 가치를 재확인시켜 줄 것이다. 특히 전통 매체인 신문은 이 부분에 대한 고민이 필요하다.

스포츠 기자가 생각해 볼 만한, 윤리적인 부분과 관련한 가이드는 06에 담겨 있다. 한국기자협회는 1994년 윤리강령 및 실천요강을 제정했고, 2006년에 개정했다. 현재는 인권과 선거여론조사, 인권 등에 대한 보도준칙이 있으며 자살보도 윤리강령, 성폭력·성희롱 사건보도 공감기준 및 실천요강 등을 제시하고 있다. 국내에서는 스포츠 기자를 위한 윤리가이드가 별도로 있지는 않다. 앞으로 한국체육기자연맹이 검토해 볼 만한 일이다.

07과 08은 각각 코너스툴과 라커룸을 타이틀로 하고 있다. 코너스툴 위에서 권투 선수는 원기를 회복하고 다음 라운드 작전을 구상한다. 국내에서 보도된, 아주 일부분에 불과하지만, 좋은 기사라 판단되는 몇 개의 기사를 소개하였다. 라커룸 취재는 한국프로야구에서 1990년대 중반 이후 사라졌다. 중요한 취재 현장인데 아쉽다. 방송과 유튜브 등 온라인에서 활동하는 기자의 인터뷰와 전 스포츠 일간지 편집국장의 목소리를 담았다.

디지털 시대에 스포츠 기자가 해야 할 일은 다르다. 09에서 이 달라진 역할을 안내했다. 새 역할에 대한 적응과 함께 개인의 차별화된 콘텐츠와 역량을 확보하는 것이 중요하다고 판단했다.

마지막인 10에서는 책의 앞부분에서 소개한 영어기사의 원문을 담았다. 번역으로는 아무래도 원문의 참맛을 느끼기 어려울 것 같았다.

스포츠 저널리즘의 실천적인 부분을 주로 다룬 이 책을 집필하면서 다소 아쉬움도 있다. 스포츠 저널리즘은 스포츠 기자, 스포츠 미디어, 미디어 스포츠(스포츠 콘텐츠)의 '삼각 축'으로 이뤄져 있다. 또 스포츠 PR과 함께 스포츠 커뮤니케이션sports communication이라는 새로운 개념을 형성한다. 스포츠 저널리즘의 이론적 측면을 다룰 『스포츠 커뮤니케이션: 저널리즘편』(가제)과 『스포츠 커뮤니케이션: PR편』(가제)의 출간을 독자 여러분에게 약속드린다.

누군가는 편집국 한쪽에 꽂혀 있을 수도 있는 이 책을 슬쩍슬쩍 들춰보면 좋겠다. 또 새로운 미래를 꿈꾸는 청년들에게는 가이드북 역할을 하기 바란다. 긴 시간은 아니었지만 책을 쓰는 내내 즐거웠고, '그때 내가 이걸 알고 있었더라면' 류의 자책도 많이 하였다. 조금 더 깊게 들어가야 할 부분도 있고, 더 추가하고 싶은 내용도 있다. 그래도 나름 책의 모습을 갖추게 된 것은 '도서출판 지금'의 김지연 대표님 덕분이다. 원고를 하루 만에 통독하고 방향을 제시하는 프로페셔널리즘에 감탄했다. 디자인을 총괄하신 한순옥 실장님과 교정, 교열을 담당하신 황미연 부장님의 인내심과 꼼꼼함에도 감사드린다. 팀보다 소중한 개인은 없고 팀플레이가 얼마나 중요한지 또다시 깨달았다.

신문 한쪽 면의 스포츠 기사를 읽으며 한글을 뗀 '스포츠 키드'로서, 스포츠 기자들에게 다시 한번 무한한 존경과 찬사를 보낸다. 문득 동료였던 선후배들로부터 핀잔이나 듣지 않으면 좋겠다는 생각이 들긴 하는데, 그래도 모두가 이 책을 즐겁게 읽어주시면 좋겠다. 진심으로.

경자년 2월 월해관에서

유상건 드림

차 례

스포츠 저널리즘의 몇 가지 문제 _01

스포츠 저널리즘은 급격한 미디어 환경의 변화로 전환기에 놓여 있다. 한국의 스포츠 저널리즘은 이 같은 흐름에 맞춰 취재와 기사 작성 방식 등 근무 방법work routines이 변하고 있으며 콘텐츠의 내용과 형식 또한 재구성해야 한다. 이를 위해 새로운 방향을 모색하고, 끊임없이 나아가야만 한다. 이를 위한 전제조건으로 현재 스포츠 저널리즘이 직면한 몇 가지 문제들을 살펴볼 필요가 있다.

지금은 역사상 유례가 없는 미디어 폭발 시대이다. 미디어란 매개체로서, 한쪽에서 다른 쪽으로 정보와 사실, 사상을 전달할 때 반드시 필요하다. 그것은 목젖이나 몸짓이기도 하고 전선이기도 했으며, 신문과 텔레비전을 뛰어넘어 지금은 인터넷이 미디어의 대세로 자리 잡았다. 과거 미디어의 종류가 적을수록 소수가 언론을 독점할 수 있고, 보통 사람들이 자신의 생각을 표출할 수 있는 언로(言路)는 제한되었다. 그러나 지금은 누구나 자신의 미디어를 통해 말을 하고, 표현할 수 있으며, 주장을 펼칠 수 있게 되었다. 국가대표팀의 전술에 대해 더이상 술집에서 울분을 토하거나 정수기 앞에서만 장광설(長廣舌)을 풀 필요가 없다. 실시간 문자 댓글과 블로그의 '빛나는 혜안'들이 오히려 레거시 미디어 legacy media를 통해 확산되는 시대이다.

스포츠는 '전 지구적으로 같은 시간에 가장 많은 사람'[1)]이 동시에 열광하는 매력적인 콘텐츠이다. 스포츠(뉴스를 포함해)는 공기처럼 우리 주변에 떠다니며, 일부 사람들에게는 물처럼 생존에 필요한 존재이기까지 하다. 스포츠와 미디어는 떼려야 뗄 수 없는, 미디어 관점에서 말하자면, 어떤 미디어도 배제할 수 없는 콘텐츠 주제이다.

1) 2019년 11월 15일 성균관대학교 호암관에서 한국소통학회 특별세미나가 열렸다. '스포츠와 소통 연구회'가 주관한 이날, 연구회는 스포츠와 커뮤니케이션 현상에 대한 본격적인 탐구의 서막을 알렸다(스포츠와 소통 연구회 소개문).

스포츠와 미디어 관계에서는 특히 스포츠 저널리즘sports journalism이 중요하다. 미디어 산업에서 차지하는 비중이 클 뿐 아니라, 스포츠 문화를 형성하는 데도 결정적이기 때문이다. 또 무엇보다도 스포츠가 위무(慰撫)하는 우리의 삶이 있다. 스포츠 미디어(스포츠 콘텐츠를 담고 있는 미디어)는 전통적인 의미의 미디어legacy media, traditional media에서 지금은 유튜브, 블로그, 페이스북, 인스타그램 등으로 확장되었다. 가까운 미래에 또 많은 스포츠 미디어가 등장할 것이다. 미디어 형태는 다양하지만 텍스트와 영상으로 스포츠를 전달할 때 작동하는 저널리즘의 원리는 동일하다. 스포츠 저널리즘의 구체적인 내용을 논의하기 전에 스포츠 저널리즘이 갖고 있는 일반적인 문제를 검토할 필요가 있다.

스포츠 저널리즘이 직면한 문제들

스포츠 저널리즘은 저널리즘의 한 영역으로 독자적인 역할과 위상을 갖고 있다. 저널리즘에 속하는 일반 영역이 제공하는 기능을 수행함과 동시에 스토리텔링을 강조하는 '내러티브 저널리즘narrative journalism'2)이나 기자가 직접 대상 속으로 뛰어들어 파헤

2) 버드(Bird) 등이 제시한 기사와 스토리텔링의 관계는 다음 논문을 참고할 만하다.
Bird, S. E., & Dardenne, R. W.(1990). News and storytelling in American culture: Reevaluating the sensational dimension. *Journal of American Culture, 13*(2), 33-37.

치는 '곤조 저널리즘gonzo journalism'에 강점을 갖고 있다. 물론 '장난감 부서toy department'를 둘러싼 오랜 논쟁[3] 또한 있는 것도 사실이다(Boyle, Rowe, & Whannel, 2010). 이 같은 근원적인 논의에서 벗어나 오늘의 스포츠 저널리즘을 위협하고 있는 문제를 '현상'과 '관계', '태도', '기술'적인 부분으로 나눠 살펴보는 것이 이 책의 주제에 적절할 것 같다.

현재의 저널리즘은 처널리즘churnalism이라는 비판을 받고 있다(Harcup, 2009). 적당히 보도자료의 문구와 배열을 바꿔 대량생산churn out한다는 뜻인데 수많은 온라인 뉴스사 홈페이지에서 보이는 비슷비슷한 기사를 보게 되는, 즉 클릭 수를 늘리기 위한 속보 경쟁과 함께 서로가 서로를 베끼기 때문에 발생하는, '현상'과 밀접한 관련이 있다. 스포츠 저널리즘도 이 같은 비판에서 결코 자유롭지는 않다. 그러나 스포츠 저널리즘을 스포츠 기사의 내용이라는 측면에서 볼 때 다음의 문제들에 더 노출되어 있다: 십자군 저널리즘Crusader journalism, 치어리더 저널리즘cheer leader journalism, 크롭 더스트 저널리즘crop dust journalism.

스포츠 기자가 구단이나 선수 등 뉴스의 주요 소스source와 맺는

---

3) 이 부분에 대한 논의는 다른 기회에 자세히 다루고자 한다. 참조할 만한 논문은 다음과 같다.
Boyle, R., Rowe, D., & Whannel, G.(2010). Delight in trivial controversy: Questions for sports journalism. In S. Allan (Ed.), *The Routledge companion to news and journalism* (pp. 245-255). NY: Routledge.

'관계'라는 측면에서 스포츠 저널리즘은 십자군 저널리즘Crusader journalism에서 벗어나지 못하고 있다는 비판을 받기 쉽다. 기자는 기사 소재가 필요하고, 구단이나 스포츠 조직은 뉴스를 보도할 매체가 필요하다. 이 때문에 서로가 서로로 인해 이익을 얻는, 상호의존이라는 '이익 공동체'가 형성된다. 십자군은 서유럽의 기독교가 벌인 전쟁에 복무했고 이슬람에 의해 점령된 성지를 탈환하기 위해 모였다. 물론 순수한 정신적 동기만은 아니었지만. 극심한 경쟁과 열악해진 경영 환경은 스포츠 기자와 스포츠 조직 간의 관계를 더욱 공고히 하게 됨에 따라 스포츠 저널리즘의 질이 오히려 과거에 비해 퇴보하는 결과를 낳고 있다. 덜 객관화되고, 덜 사실에 기반하지 않는 형태로. 스포츠 기자가 보도라는 본연의 역할보다 프로모터promoter의 역할에 치중하며, 스포츠 조직을 응원하는 '태도'는 치어리더 저널리즘cheer leader journalism으로 볼 수 있다(Rowe, 2004). 대회의 흥행이 운영상 문제점보다 더 우선시되고, 비판보다는 변호가 앞선다. 감시에 나서야 될 '워치도그(감시견)watchdog'가 집 지키기에 골몰하는 것이다. 물론 스포츠 저널리즘의 기능 중 하나는 스포츠 산업의 발전이다(윤득헌, 2008). 대회가 증설되고 새로운 스포츠가 떠오르며, 신상품이 시장에 나오는 것은 중요한 뉴스이다. 그러나 스포츠 전반에 걸쳐 발생하는 문제를 파헤치고, 이를 통해 긍정적인 스포츠 문화 발전이 이뤄질 수 있도록 하는 역할이 더 중요하다.

스포츠 저널리즘이 빠질 수 있는 '기술'적인 문제 중 하나는 크롭 더스트 저널리즘crop dust journalism의 함정이다. 스포츠 기사는 기본적으로 독자를 빨아들일 수 있는 내용과 문장으로 이뤄져야 한다. 크롭 더스트 저널리즘은 문자 그대로 '농약 친' 저널리즘이다. 깡통 속의 고기처럼 맛없는 저널리즘이기도 하다. 기자가 쓴 말은 많은데, 정작 귀담아들을 말은 없는 경우이다. 통찰력을 담고 있지 못한 기사의 생산은 여러 원인이 있지만 기자의 역량 부족과 직접적인 관련이 있다. 표면 아래 깊숙이 가라앉아 있는 본질에 접근하지 못하기 때문이다. 촉박한 마감시간, 선수나 감독의 비협조, 불충분한 신뢰관계 등도 이를 가로막는다. 기자로서 제대로 된 훈련을 받지 못했거나, 축적되지 못한 경험도 한몫하기 마련이다. 품질이 떨어지는 스포츠 기사는 스포츠 저널리즘의 가치마저 떨어뜨린다.

스포츠 저널리즘과 스포츠 기자

스포츠 저널리즘의 모습은 미디어 환경과 스포츠 기자에 의해 만들어진다. 매체 환경은 새로운 디바이스device가 속속 등장하면서 영향을 받는다. 마감시간의 변화, 달라진 근무조건, 요구되는 기사의 형태와 양 등이 그렇다. 앞으로 이런 현상은 더욱 가속화될 것으로 예상되는데 외부적 요인은 내부적인 역량 강화와 대응으로 일정 정도 극복할 수 있다. 스포츠 기자의 취재와 기사 작성에 대한 원론적, 방법적 검토를 통해 그 방안을 모색해 보고자 한다.

특히 강조하고 싶은 점은,

환상적인 스포츠 기사를 쓰고 싶은 기자의 열망은 결코 '환상'으로 끝나서는 안 된다.

02 스포츠 기사의 구조

스포츠 기사는 사회나 경제 등 일반적인 주제를 다루는 기사의 구조와 비슷한 섬을 갖고 있으며 동시에 독특한 면도 있다. 스포츠 기사 작성을 위해 사용되는 기본적인 네 개의 구조(역피라미드, 다이아몬드, 역연대기, 모래시계)를 살펴보자. 오늘날 대부분의 스포츠 기자는 이들 구조를 단일하게 차용하지 않고 혼용해 사용하는 모습을 많이 보인다. 그러나 기본적인 구조에 대한 이해는 스포츠 기사를 더 발전시키기 위한 토대가 된다.

스포츠 기사는 기자가 연기하는 최고의 무대이다

스포츠 기사를 쓰기 전에는 세 개의 단어를 기억해야 한다. 이는 스포츠 기자가 기사를 쓰기 전에 결정하는 기사의 기본 방향을 설정하는 것과 관련 있다(Reinardy & Wanta, 2009). 이 세 개의 단어들은 '정보writing to inform'와 '흥미writing to entertain', 그리고 '설득writing to persuade'이다.

정보 전달을 위주로 기사를 쓴다면 대부분의 내용이 경기 결과를 담고 있어야 한다. 즉, 기사에는 읽는 이들이 기본적으로 알고 싶어 하는 내용이 포함되어야 한다. 경기가 벌어진 직후 일어난 '(가급적이면) 모든 상황'이 기사에 들어 있어야 한다. 일반적으로 '누가who, 언제when, 어디서where, 무엇을what, 어떻게how, 왜why'라는 육하원칙이 해당된다.

흥미 위주로 기사를 쓴다면, 물론 스포츠 분야 이외의 모든 기사들도 마찬가지지만, 스포츠 팬뿐만 아니라 일반인들도 관심을 가질 만한 내용을 집중적으로 다뤄야 한다. 가장 창의적인 기사 작성 기법이 동원되어야 하고, 때로는 경기의 특정한 부분을 집중적으로 조명하게 된다. 국내에서는 박스 기사 형태sidebar로도 작성되는데, 경기의 전체적인 과정이나 흐름에서 빗겨나 단 하나의 단면을 그리는 경우가 많다. 정보 위주의 기사에서 다루기보다는 별도로 다루어야 할 만한 가치를 갖는 주제를 쓸 때 좋다. 사람들이 흥미를 가질 만한 주제human interest features나 스타의 지극히 개인적인 면personality profiles이 여기에 해당된다. 경기 바깥에서 지켜보는 사람들이 충분히 공감할 수 있는 선수의 심리적인 동요나 불안, 정서적인 울림을 주는 행위 등은 좋은 소재이다. 위대한 오늘의 모습을 만든 선수의 과거 인연이나 사건 등도 다룰 수 있다.

읽는 이들을 설득하기 위한 기사라면 칼럼이나 '기자 24시', '기자의 눈'(언론사마다 비슷한 이름으로 운영한다) 같은 형식으로 작성할 수 있다. 스포츠 문화를 형성하는 또 하나의 주요한 축pivotal player으로서 기자는 자신의 의견과 주장을 가질 수 있다. 물론 개인적인 차원에서 가질 수 있는 견해라기보다는 선수, 팀, 구단, 리그 나아가 특정 스포츠 종목의 미래상과 관련된 관점이어야 할 것이다. 스포츠 기자는 무대 위의 출연자로서, 때로는 연출자로서 최고의 작품에 기여해야 한다.

스포츠 기자는 기사로 말한다

호주에서 활동하는 데이비드 로우David Rowe는 스포츠 기자가 '말하는' 유형을 네 가지로 분류하였다. 그는 스포츠 기사의 유형modes of sports writing은 경성뉴스hard news, 연성뉴스soft news, 정통적 수사학orthodox rhetoric, 성찰적 분석reflexive analysis이라고 정의하였다.

(Rowe, 1992).[4]

경성뉴스는 일반적으로 스포츠 지면에 가장 많이 등장하며 기자의 비인격성impersonality, 즉 기자의 주관과 인식이 최대한 배제되는 것이 특징이다. 주로 경기 결과, 경기에서 나타난 통계, 선수의 경기력 등에 관한 내용이 해당된다. 온라인 뉴스 플랫폼의 등장으로 전통적인 미디어traditional media, 특히 신문에서는 이 같은 뉴스 유형이 사라져 가고 있지만, 이것이 스포츠 기자의 가장 기본적인 능력이면서 여전히 중요한 것은 사실이다.

연성뉴스는 경성뉴스에 비해 상대적으로 뉴스의 성격은 떨어지지만less news, 흥미 위주more entertainment의 내용을 담은 기사이다. 선수 개인의 일화나 경기 중의 특별한 체험, 개인적 기호나 견해 등이 주로 다뤄진다. 유머가 가미되며 일인칭 화법으로도 보도되는데 종종 특종으로 귀결되기도 한다.

정통적 수사학 유형은 기자의 주관이 개입하며 '르포르타주reportage'보다는 '에디토리얼 저널리즘editorial journalism'에 가깝다. 이를 통해 스포츠 기자는 스포츠가 갖고 있는 다양한 이슈들 – 계급, 인종, 성, 스폰서십sponsorship과 상업화, 스포츠의 세계화와 종속,

4) 로우(Rowe)의 내용은 2019년 한국소통학회에서 발표한 '인식과 전략: 한국의 스포츠 저널리즘과 2032 남북공동올림픽'의 발표를 재구성하였다. 성균관대학교 이상철 교수는 'reflexive analysis'를 '성찰적 분석'으로 번역하자고 제안했고, 상지대학교 박창범 교수는 남북공동올림픽보다는 '서울·평양공동올림픽'으로 표기하는 것이 적절하다고 지적하였다. 이 자리를 빌어 감사드린다.

미디어와 팬의 권력 관계 등 — 에 대한 여론 형성에 참여한다. 한국의 스포츠 저널리즘은 정통적 수사학이라는 세 번째 유형에서 확장될 여지가 많다.

성찰적 분석은 스포츠 행위 자체에 대한 현상학적 담론으로 '특별한 지적 활동'에 해당된다. 기자로서의 활동보다는 스포츠 팬으로서의 행동에 가깝다. '가상의 공동체' 일원으로, 스포츠의 사회적 현상에 대한 발언보다 스포츠를 관조하는 작가의 입장에서 보도한다.

스포츠 기사의 기본 구조

스포츠 기사의 구조를 강의할 때는 레오나르도 다빈치Leonardo da Vinci의 인체 스케치를 보여주는 것으로 시작한다. 역사상 최고의 천재라는 그의 스케치에는 인체의 머리카락과 근육, 살, 심지어 인상까지 그려져 있다. 이는 다양한 정보와 함께 온갖 현란한 수식어와 일화를 담고 있는 스포츠 기사와 마찬가지이다. 이어 엑스레이를 통해 인체의 뼈 구조가 드러나는 사진을 보여준다. 엑스레이를 통해 인간의 신체 구조를 파악하는 것은 기사 속의 구조를 이해하는 것과 같다고 생각한다. 물론 기사의 구조를 장악한 후에는 인체의 아름다움을 표현할 수 있는 다양한 내용이 추가되어야 한다.

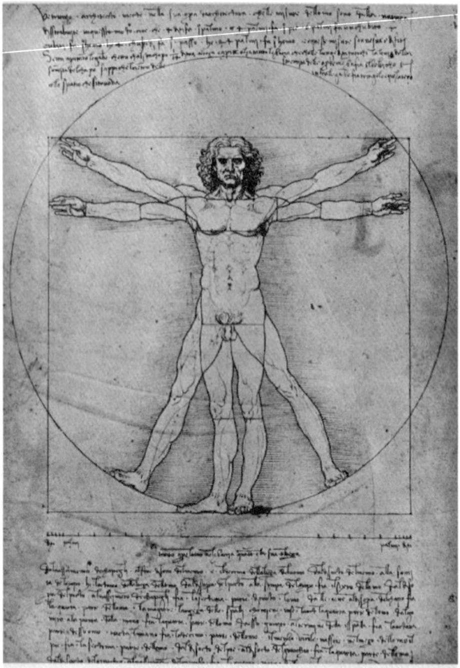

그림 2-1 **레오나르도 다빈치의 인체 비례도(Vitruvian Man)**

출처: https://commons.wikimedia.org/wiki/File:Leonardo_da_Vinci-_Vitruvian_Man.JPG

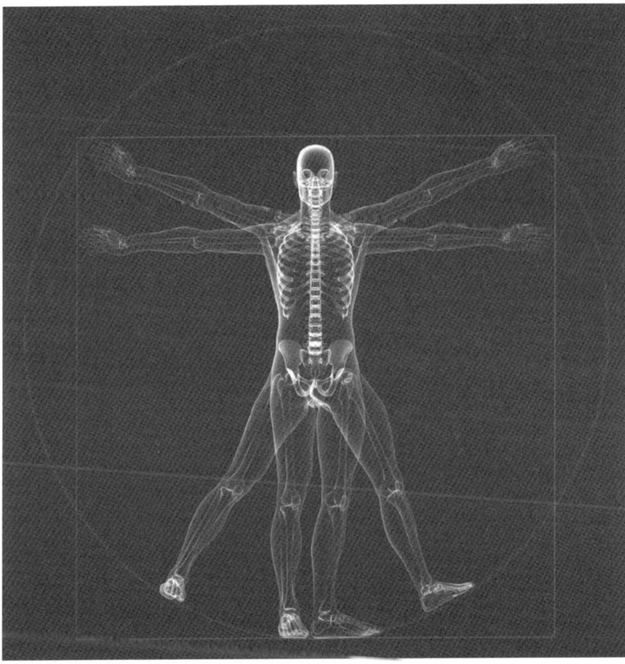

그림 2-2 엑스레이를 통해 본 인체 비례도

출처: https://www.123rf.com/photo_15889827_skeleton-x-ray-vitruvian-x-ray-of-a-male-skeleton-in-a-leonardo-da-vinci-vitruvian-style-pose-isolat.html

물론 최근의 기사들은 이론대로 단순히 하나의 구조로만 명확하게 구분되지는 않는다. 여러 가지 구조가 혼합되어 있다. 그러나 기본 구조에 대해 이해하는 것은 보다 더 나은 스포츠 기사를 작성하는 데 절대적으로 필요하다. 마치 스포츠를 처음 배울 때

공격과 수비 등 부분적인 기술을 익히지만, 실제 경기에서는 이 같은 부분들이 결합되어 하나의 전체로 작동하는 것과 마찬가지이다. 기본기를 충분히 익히지 못하면 실제 경기에서는 언제나 곤혹스러운 상황에 직면하기 마련이다.

기사의 구조를 논한 많은 책들은 다양한 구조를 소개하고 있는데 대부분 비슷한 것이 사실이다. 이재경(2016)은 기사를 구성하는 요소는 양식적 요소인 '제목, 소제목, 리드, 본문'과 내용적 요소인 '취재원과 육하원칙'으로 분류하고, '역피라미드형 구조'를 가장 기초적인 단계의 구조로 소개한다. 김창회(2017)는 기사의 종류에 따라 '역피라미드형, 피라미드형, 혼합형, 다이아몬드형'으로 구분한다. 하준우(2017)는 '역삼각형과 모래시계형, 다이아몬드형' 외에 다섯 가지 박스형을 제시하는데, 이는 '리드 - 본질 - 두 번째 리드 - BBI^{Boring But Important} - 키커(강렬한 인상을 주는 문장)'로 구성된다. 복잡한 구성이지만 역동적인 느낌을 주는 것이 장점이라고 설명한다. 배정근(2011)은 기사의 유형을 '스트레이트와 피처, 에디토리얼'로 분류하며, 역시 기사의 구조를 '역피라미드와 피라미드, 혼합형'으로 소개하고 있다. 박종화(2012) 역시 같은 견해를 갖고 있는데, 고영신은 『디지털시대의 취재보도론』(2007)에서 이를 좀 더 세분화해 설명하고 있다. 바로 '역피라미드형(과 변형 역피라미드형), 피라미드형, 혼합형, 다이아몬드형'으로 나눈다. 남재일과 이재훈(2014)은 구조보다는 단락을 배열하는 패턴으로 설명하는데, 예를 들어 살인사건을 보도할 경우 '개요 - 목격자 진술 - 사건현장 특이 사항 - 경찰 수사 방향 - 기타 사항 부연' 순으로 작성하면 좋다고 조언한다. 화재기사의 단락 배열은 '피해 상황 - 목격자 진술 - 진화 및 대피 상황 - 화재 원인'의 순으로 전개한다. 방송 뉴스도 정형화와 도식화된 형태로 제작된다. 특히 한국의 경우, 이 같은 상황이 매우 심한 것으로 나타나는데 한국 방송의 뉴스 리포트 평균 길이는 80초 내외이며 '앵커 소개멘트 - 리포팅 - 인터뷰 - 브리지 - 인터뷰 - 클로징'으로 도식화되어 있다. 이는 BBC의 120초보다 짧으며, 한국의 방송 뉴스는 원인과 과정, 결과와 반응을 심층적으로 보도하는 비율(7.3%)이 외국의 주요 방송국 비율(30~55%)에 비해 매우 낮다고 한다(박재영 외, 2017). 이 책에서는 스포츠 기사를 논의할 때보다 더 적절한 '역피라미드, 다이아몬드, 역연대기, 모래시계' 네 가지의 구조로 소개한다.

역피라미드Inverted Pyramid 구조

스포츠 기자가 기사를 작성할 때 가장 기본적으로 채택할 수 있는 구조이다. 스포츠 기자에게 필요한 능력 중 기본 중의 기본이라 할 만하다. 물론 요즘에는 온전히 이 같은 구조에 따라 작성된 기사를 신문의 최종판에서 보는 경우는 드물다. 인터넷 시대가 열린 이후 과거와는 마감시간과 전달할 내용이 달라졌기 때문이다. 텔레비전이나 라디오를 통해 스포츠 경기 결과를 알기 어려웠던 시절에는 무엇보다도 결과를 전달할 필요가 있었고, 이 방법이 가장 효과적이었다. 19세기 이후 이와 같은 구조의 기사가 자리를 잡았기 때문에 가장 고전적이라 할 수 있다.

기사를 작성할 때 역피라미드 구조가 기사 작성의 기본이 된 것은 몇 가지 이유가 있다. 남북전쟁(1861~1865) 전에 개발된 전신telegraph은 기사의 주요 전송수단으로 사용되기 시작하였다. 전보라고도 불리는 이 방법은 전류를 통해 문자를 보내는 방식으로 당시의 어떤 통신 수단보다도 신속하게 기사를 보낼 수 있었다. (우편으로 보낼 때와는 시간과 효율성을 비교할 수 없다!) 문제는 기술적, 환경적 요인. 전신은 기본적으로 전선이 필요했기 때문에 중간에 끊어지는 일 없이 기사를 보내기 어려웠다. 또 당시는 인디언과 '황야의 무법자'들이 많았다. 이들은 '방해(백인들에게 타격을 주고 싶었던 인디언)와 개인적인 이윤(무법자들은 돈이 필요했다)' 등의 목적으로 전선을 잘라 버리거나 팔았다. 그렇기 때문에 기자들은 안정적인 전선이 확보된 상황에서 최대한 중요 내용을 보내야 했다. 역피라미드 구조는 '전선이 언제 끊어질지 모르는' 긴박한 상황에서 탄생할 수밖에 없었다.

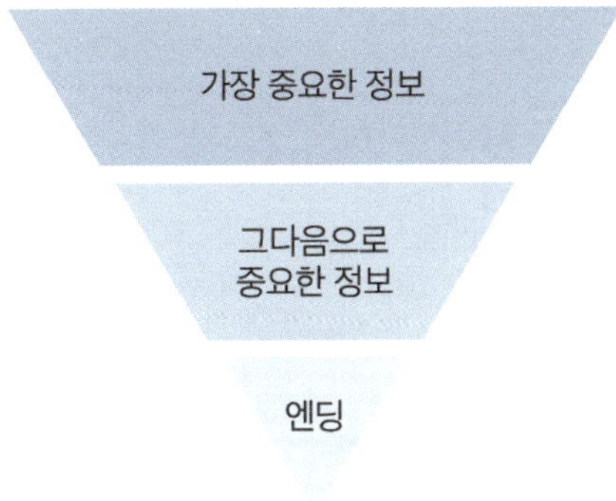

그림 2-3 역피라미드 구조

〈그림 2-3〉과 같이 기사의 가장 중요한 내용이 제일 앞에 나오고 그다음으로 중요한 내용이 뒤따른다. 이와 같은 순서로 중요도에 따라 기사가 작성되면 몇 가지 장점을 갖게 된다. 핵심 내용을 파악하기 쉬울 뿐 아니라 독자는 기사의 윗부분만 읽어봐도 중요한 내용을 단번에 알 수 있다. 편집자는 지면의 제약을 받을 경우 가장 아랫부분의 기사부터 잘라낼 수 있어 편리하다.

또한 경기가 끝나는 시간과 기사 마감시간이 비슷할 경우 가장 효과적으로 사용할 수 있는 방법이다. 단순한 사실을 전달하는 데 좋으므로 경성뉴스를 작성하는 데 유용하다. 예컨대, 월드컵 경기나 프로야구 한국시리즈 등이 끝나자마자 바로 온라인에서 이 같은 구조의 경기 결과를 담은 스포츠 기사를 확인할 수 있다.

다이아몬드Diamond 구조

다이아몬드 구조는 피라미드 구조와 역피라미드 구조가 합쳐진 것으로 이해하면 된다.

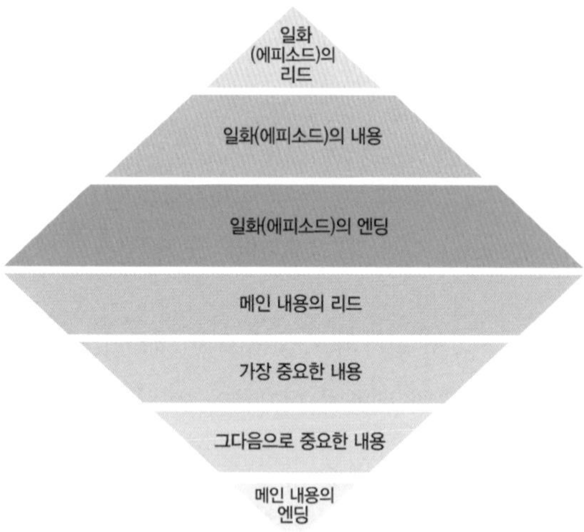

그림 2-4 다이아몬드 구조

역피라미드 구조와 마찬가지로 기사는 중요도에 따라 순서대로 작성한다. 그러나 이 정보들 위에 'nut graph(기사의 심장에 해당되는 문장)'가 위치한다(Reinardy & Wanta, 2009, p. 69). 이 'nut graph'의 리드문은 중요하지 않을 수도 있다. 그리고 보도하려는 내용(특히 경기 결과를 보도한다면)의 가장 중요한 부분도 아니다.

그러나 경기의 승리와 직결되는 일화나 에피소드를 담고 있으면 독자들의 흥미를 이끌어 내는 데 매우 효과적이다. 물론 이는 사전 취재라는 수고를 필요로 한다. 고영신(2007)은 다이아몬드 구조를 다소 다르게 설명한다. 즉 도입 부분을 먼저 쓴 후 '중요한 내용을 가운데 부분에 두껍게 배치하고 나중에 추가 부분을 덧붙이는 방식'이라고 해석한다. 그러나 스포츠 기사의 경우 위의 내용으로 작성하는 것이 더 적절해 보인다.

역연대기Inverted Chronological Order 구조

인간은 진화를 거듭하면서 마침내 스마트폰을 발명하는 데 이르렀다. 인간의 역사를 설명하면서 최근의 흐름을 먼저 설명하는 방식이라 할 수 있다. 스마트폰을 든 인간이 등장하기 전에 철기와 청동기, 돌로 무장한 인간이 차례로 등장한다.

그림 2-5 인류 진화 과정을 통해 본 역연대기 구조

스포츠 기사의 구조로 설명하면 역연대기 구조는 버저비터buzzer beater로 끝난 농구 경기를 예로 들면 이해하기가 쉽다. 시소게임으로 진행되던 경기의 마지막 순간에 극적인 골이 터졌다. 경기의 흐름timeline은 마지막 순간에 결정되었다. 바로 이 장면을 스포츠 기사는 묘사하고 싶을 것이다. 이어 이 장면이 나오기 직전의 상황을 박진감 있게 그리며 독자를 빨아들인다. 그리고 바로 앞에 진행된 장면을 설명하고 기자는 4쿼터, 3쿼터, 2쿼터 순으로 경기의 흐름flows을 기술할 것이다. 순차적으로 덜 중요한 내용이 나온다는 점에서 역피라미드 방식과 유사하다.

모래시계Hourglass 구조

모래시계 구조는 기사를 쓸 때 가장 어려운 구조라고 할 수 있다. 상당히 긴 분량의 스포츠 기사에 어울리는데, 기자는 자신의 취재와 기사 내용이 독자의 흥미를 끌 수 있다는 자신이 있어야 한다. 왜냐하면 독자는 기사의 앞부분만 읽고 중간에 읽기를 그만둘 수 있기 때문이다.

우선 역피라미드 구조와 마찬가지로 기사를 시작한다. 기사 앞부분에 들어갈 내용들은 중요한 순서대로 작성한다. 기사의 뒷부분, 즉 피라미드에 해당되는 부분은 이와 반대로 기사의 클라이맥스를 향해 차곡차곡 작성한다. 그리고 이 부분은 궁극적으로 펀치punch를 날리는 것과 마찬가지의 쾌감을 주도록 면밀히 구성된다. 예를 들어 앞부분의 기사는 여러 사실들을 종합적으로 정리하며 중요한 순서대로 기술한다. 그리고 기사의 뒷부분은 전체의 흐름을 방해하지 않지만 반전을 배치해 '스포츠 기사를 읽는 희열'을 제공한다.

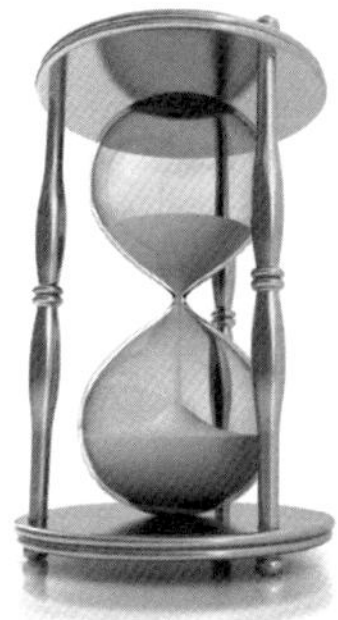

그림 2-6 **모래시계 구조**

하나의 사례를 들어 본다면 다음과 같다. 여기 수십 년 간 청소년 선수를 지도해 뛰어난 성적을 올린 '명예의 전당' 입회가 예정된 감독이 있다. 어느 날 그는 갑작스레 은퇴를 선언한다. 그의 은퇴는 팀과 팬, 학교 모두에게 큰 손실로 모두가 아쉬워한다. 감독의 위대한 시절과 업적을 앞부분에 설명한다. 그러나 기사의 뒷부분에는 학교 내에서 비밀리에 청문회가 준비 중이며, 그가 지도하던 학생들과의 성적(性的)인 문제가 떠오르고 있다는 내용이 따라올 수 있다.

스포츠 기사의 리드와 엔딩 _03

스포츠 기자는 자신의 기사를 어떻게 시작하며, 어떻게 끝맺을 것인가를 늘 고민하기 마련이다. 스포츠 팬의 시선을 끄는 것은 리드문에 달려 있으며, 아름다운 엔딩은 독자에게 긴 여운을 남긴다. 스포츠 기사의 리드와 엔딩을 찾아내기 위한 다양한 방법들을 소개한다.

스포츠 기사를 어떻게 시작하고 어떻게 끝맺을 것인가. 이를 결정하는 것은 어둠 속에서 소리 없이 뚜벅뚜벅 걸어오는 악령을 마주치는 일과도 같다. 왜냐하면 스포츠 기자에게는 결코 벗어날 수 없는 일이고 쉽지 않은 과제이기 때문이다. 스포츠 기자에게 매일 일어나고 있는 일은 혼돈chaos 그 자체이다. 경기는 늘 마감 시간 직전에 끝나고 인터뷰 자리는 어수선하다. 동료들의 타이핑 소리는 망치질하는 소리처럼 가슴에 박힌다. 그렇기 때문에 리드와 엔딩을 찾는 것은 기사를 쓰기 전에 견뎌야 하는 두려움일 수 있지만 결코 '공포panic'는 아니다(Wilstein, 2002). 근사한 시작lead과 아름다운 마지막 문장ending을 찾을 수 있다면 그렇다.

리드lead

스포츠 기사를 작성하는 기자에게 리드는 '판단력 게임'이다. 그 날의 경기가 끝났다면 노트북 앞에는, 경기 결과 외에도 결정적인 순간, 중요한 통계, 경기(장) 조건, 경기 후 인터뷰한 내용, 심지어 다음 경기에 미칠 영향까지 수많은 선택지가 놓여 있다. 기자는 이들 사이를 종횡으로 누비며 거침없이 앞으로 내달려가야 한다. 리드는 기자실 내에서 일하는 기자 수만큼, 그들이 쏟아내는 기사의 종류만큼 가능하다. 그러나 진실은 하나이다. 리드는 이정표여야 한다.

리드

앞으로 재미있는 기사가
당신을 기다리고 있음!

리드의 유형은 다양하다. 기사의 전체 내용을 제시하는 유형도 있고, 요약을 할 수도 있다. 또한 독자의 선택을 유도하거나 질문을 할 수도 있으며, 사실을 나열하거나 누군가의 말을 직접 인용하는 것도 가능하다(이재경, 2016). 리드를 작성할 때의 요령으로 박종화(2012)는 '핵심요소, 단일요소, 주어와 동사, 목적어로 이뤄진 구문, 구체적인 명사와 화려한 동사, 35자 이내의 간결성'을 들고 있다. 방송용 리드로는 '본문 요약, 결과 제시, 나열, 기본, 구체적 사항, 산문체형, 배경 설명, 여론 환기' 등이 가능하다고 제시한다. 고영신(2007)은 이보다 좀 더 세분화해 24개의 리드 유형을 제시한다. 기본형은 '누가, 언제, 어디서, 무엇을, 어떻게, 왜'를 중심으로 기술한다. 특수형은 '중요도에 따라 등장하는 순차형, 도표형, 놀람형, 대칭형, 의문형, 기술형, 비유형, 경구형, 문학적 암시형, 풍자형, 인용문형, 대화형, 일화 소개형, 권유형, 장면 묘사형, 감정이입형'으로 나눈다. 이밖에도 짧은 한 문장으로 이루어져 간단명료하고 폭발적으로 기술하는 '탄약통형'의 예를 고영신(2007, p. 125)은 다음과 같이 들고 있다.

> 황제가 복병의 일격에 쓰러졌다.
>
> 남자테니스 세계랭킹 1위 로저 페더러(스위스)의 연승행진이 '41'에서 멈췄다. 페더러는 21일(한국시간) 미국 캘리포니아주 인디언웰스에서 열린 퍼시픽라이프오픈 단식 2회전에서...

'펀치형 리드'는 '탄약통형과 유사하지만 그렇게 짧거나 비약적이지 않은' 형태라고 설명한다(고영신, 2007, p. 126).

> 좀처럼 보기 드문 명승부였고, 극적인 레이스였다. 지켜보던 사람들이 '아, 이제 힘들어' 하고 느끼던 바로 그 순간 이봉주(37 · 삼성전자)의 진가가 빛을 발하기 시작했다...

스포츠 기사는 다른 어떤 내용의 기사보다도 매혹적이어야 한다. 유머를 담고 있어야 하며 삶의 통찰을 보여줘야 한다. 때로는 고뇌와 환희가 교차하는 순간을 기록해야 한다. 그래야만 '읽는 쾌감'을 줄 수 있다. 그 시작은 리드문이다. 자, 스포츠 기사의 리드를 어떻게 만들 수 있는지 구체적으로 알아보자.

가장 먼저 생각할 수 있는 것은 '스코어 리드'이다. 많은 스포츠팬은 경기가 끝남과 동시에 방송을 통해 스코어를 알고 있다. 그렇기 때문에 스코어는 더이상 '뉴스'가 아니다. '올드 뉴스'일 때가 많다. 그럼에도 불구하고 스코어는 리드의 세 번째 문단 안에는 등장해야 한다. 더욱이 스코어 그 자체가 뉴스일 때도 있다. 라이날디와 완타(Reinardy & Wanta, 2009)는 '100점 차가 넘는 농구경기나 76점 차가 나는 미식축구경기에서 스코어보다 훌륭한 리드는 찾기 어렵다.'고 말한다. 스코어는 중요하다. 그리고 종종 최종 스코어가 빠진 스포츠 기사를 보기도 한다. 리드문을 생각하다 스코어를 잊어 먹은 경우인데 리드의 고통이 기자의 영혼을 갉아먹은 것이다.

경기의 '전환점turning point'을 리드로 사용할 수도 있다. 경기의 승패를 좌우한 전환점은 읽는 이들의 관심과 흥미를 일으킬 수 있다는 점에서 리드로 사용하기 좋다. 다른 어떤 내용보다도 기사의 핵심일 수 있기 때문이다. 그러나 무엇이 가장 결정적인 전환점이었는지를 판단하는 것은 매우 어렵다. 마지막 슛을 가능하게 한 수비수의 재치였는가? 투수의 결정적인 실책, 아니면 타자의 영리한 대처? 전반전이 끝나고 감독이 지시한 내용? 경기는 단순히 하나의 동작으로만 이뤄지는 것이 아니다. 선수들의 수많은 플레이와 감독의 지시, 선수의 감정이 어우러진 완결체이다. 그리고 비록 20년의 경력을 가졌더라도 스포츠 기자가 판단하는 결정적 순간이 전환점이라고 단언할 수만도 없다. 리드에 동원될 승패의 전환점에 대한 묘사는 기자가 하더라도 판단은 감독에게 맡기는 것이 좋다.

감독이(심지어 기자가) 경기의 결과를 바꾸게 한 전환점을 판단할 수는 있지만 리드로 사용할 수 있는 '평가assessment'는 또 다른 문제이다. 예를 들어 3라운드에서 이븐 파even par에 그쳤다가 마지막 라운드에서 대역전극을 펼쳐 한껏 기분이 좋아진 미 LPGA 투어의 프로 김세영이 기자 앞에 서 있다 치자. "지금 기분이 어떻습니까?" 하수 중의 하수인 기자만이 하는 질문이다. "기분 좋아요."라고 대답할 수밖에 없어 읽는 이들이 오히려 기분이 나빠질 수 있는 질문이다. 리드로 쓸 대답을 듣기 위해서는 "3, 4라운드를 비교해 평가해 보세요."라고 물어봐야 한다. 그녀 특유의 빨간 바지를 입었기 때문인지, 아침 식사가 평소와 달라서인지, 아니면 퍼터를 바꿔 들고 나왔는지 본인만의 평가가 나올 것이다. 그리고 그 내용은 그대로 리드문으로 전환될 수 있다.

경기의 '맥락context'도 리드로 활용되기 좋다. 일 년 동안 열리는 144개의 야구 경기 중 단 하나의 경기가 시즌 전체의 의미를 바꿀 수 있다. 한국시리즈라면 더욱 그렇다. 7차전까지 가야 하는 경기 중 1차전, 혹은 4차전이 전체 시리즈에서 차지하는 맥락은 분명 다를 것이다. 오랜 앙숙인 라이벌과의 경기 결과라면 더욱 그렇다. 이는 선수단 차원에서만이 아니라 지켜보는 팬 차원에서 감정이 더욱 증폭되는 면이 있다. 이 '감정의 소용돌이'는 시즌 전체에서 차지하는 의미가 크다. 순위가 한 계단 바뀌는 과정에서 생긴 '복수와 해원(解冤)'이라는 감정의 덩어리가 앞으로 남아 있는 일정에 유의미하게 작용할 것이다. 그리고 스포츠 기자는 그 부분을 놓치지 말아야 한다.

스포츠 경기를 보도하는 것은 '매일의 역사'를 기록하는 것이기도 하다. 그렇기 때문에 '역사history'를 리드로 쓸 수 있다. 경기의 전환점이 쌓여 맥락을 만들고 이것이 지속되면 역사가 된다. 물론 '역사적 사실'을 쓸 때는 고려해야 할 것이 몇 가지 있다. 양 팀의 성적에 대해 다소 지루한 '역사 강의'가 동원되어야 할 때가 있기 때문이다. 역사는 꼬리에 꼬리를 물고 있기 때문이다. 물론 역사를 리드문으로 쓰는 것은 상대적으로 쉬운 선택이라 볼 수 있다. 그러나 '역사를 잊은 기자에게 미래는 없다.'고도 할 수 있지 않을까.

감독이나 선수의 말은 '언제나 진실은 아니지만, 항상(혹은 대부분) 진리'(삼겹살을 구우며 소주를 시킬 때도 이런 말을 한다)이다. 그래서 스포츠 기사가 인용quote으로 기사를 시작하는 경우를 흔히 볼 수 있다. 투어를 평정하고 있는 골퍼가 대회를 앞두고 기자에게 말했다. "나에게 골프 대회는 현금인출기나 마찬가지다." 이것을 리드로 쓰지 않을 도리가 있을까. 가장 '위대한 사례'는 아마도 마이클 조던Michael Jordan이 한 말일 것이다. "I am back.(내가 돌아왔다.)" 이 리드 문장 하나만으로 독자는 조던이 무엇을 말하고 싶었는지, 그리고 기자가 무엇을 쓰고 싶은지를 단박에 알아차릴 수 있었을 것이다.

스포츠 기사를 읽는 사람의 흥미를 급격히 끌어올릴 수 있는 리드로는 '일화anecdote'를 빼놓을 수 없다. 사실, 일화 그 자체가 기사이다. 선수에게 벌어졌던, 팀에 있었던 일을 소개하면서 기사를 시작하는 것은, 앞으로 이 팀에 무슨 일이 벌어질지 알려주는 '전조등'이자, '방아쇠'이다. 일 년을 열심히 달린 끝에 시즌 우승을 차지한 팀을 정리하는 기사라면, 동계훈련 기간에 벌어졌던 작은 일화로 시작하는 것이, 커다란 수레바퀴가 어떻게 힘차게 굴러가게 되었는지를 설명하는 원동력이 될 것이다.

이 밖에 그림을 그리듯 세밀하게 '묘사하는 리드'로 독자를 기사 속으로 끌어들일 수도 있고, 영화 〈죠스Jaws〉의 주제 음악처럼 점진적으로 긴장감을 고조시키는 방법도 있을 것이다. 이틀 전, 하루 전, 한 시간 전, 그리고 바로 일 분 전, 타자는 지금 이 순간을 맞이하기 위해 어떻게 해왔는지를, 그리고 마침내 '탕!'

엔딩ending

스포츠 기사의 엔딩은 리드만큼 중요하다. 기자는 더이상 쓸 거리가 없기 때문에 쓰기를 '멈추는 것'이 아니라 이야기를 종결지어야만 한다. 일반적으로는 리드에 나왔던 내용이나 중요 포인트를 다시 확인하는 방법이 좋다(Reinardy & Wanta, 2009). 스포츠 기사의 엔딩을 쓰는 요령은 리드와 비슷한 점이 많은데 다음과 같은 엔딩을 고려할 수 있다.

우선 '인용'을 생각할 수 있다. 국내의 많은 기자들이 이와 같은 방법을 사용한다. 〈스포츠경향〉의 2020년 1월 28일 2면에 보도된 2020 아시아축구연맹AFC U-23 챔피언십 최우수선수MVP 원두재에 대한 기사가 그 예이다.

화려함이 아닌 꾸준함으로... MVP를 차지한 원두재

〈스포츠경향〉, 2020. 1. 28.

한국의 사상 첫 우승으로 막을 내린 2020 아시아축구연맹(AFC) U-23 챔피언십. 우승을 차지한 한국의 최우수선수(MVP)는 중원에서 묵묵히 힘을 실어준 미드필더 원두재(울산)였다.

원두재는 27일(한국시간) 끝난 2020 AFC U-23 챔피언십 사우디아라비아와 결승전이 끝난 뒤 대회 MVP에 선정됐다.

보통 대회 MVP는 공격수에게 돌아가는 것이 대부분인데, 이번에는 원두재가 그 틀을 깼다.

수비형 미드필더인 원두재는 이번 대회에서 조별리그 첫 경기였던 중국전에 결장했다. 하지만 조별리그 2차전이었던 이란전부터 이날 사우디아라비아와 결승전까지 5경기를 내리 풀타임 출전했다. 수비형 미드필더가 갖춰야 할 수비력은 기본이고, 시야 또한 넓은데다 패스까지 좋아 '제2의 기성용'으로 불리고 있다.

원두재는 지난 시즌 일본 J2리그의 아비스파 후쿠오카에서 핵심 선수로 활약, 팀의 J2리그 잔류에 힘을 보탰다. 이번 시즌을 앞두고는 K리그1의 강호인 울산 현대로 이적했다.

김학범 감독은 이번 대회에서 로테이션을 돌리며 선수들의 체력을 안배해왔다. 하지만 원두재에게만큼은 그렇지 않았다. 이는 김 감독이 원두재를 그만큼 신뢰한다는 뜻으로 해석할 수 있다.

원두재는 경기 후 믹스트존(공동취재구역)에서 취재진과 만나 MVP 수상에 대해 "내가 잘해서 받았다고 생각하지 않는다. 23명이 다 열심히 해서 받았다고 생각한다"며 "안주하지 않고 더 노력해서 좋은 선수가 되겠다"고 소감을 밝혔다.

원두재는 이미 J2리그를 통해 성인무대를 경험했지만, K리그는 이번 시즌이 데뷔시즌이다. 원두재는 "K리그가 처음이다 보니 적응이 빨라야 한다"며 "한국이라서 적응할 부분이 크다고 생각하지는 않지만, 나이가 어린만큼 열심히 해서 경기에 뛸 수 있도록 노력하겠다"고 말했다.

김학범 감독에 대한 감사의 말도 잊지 않았다. 원두재는 "때로는 무섭지만, 때로는 아버지처럼 대해주신다. 감독님들 중 으뜸이라고 생각한다"며 "매 경기 기억에 남는 것이, 미팅 때마다 상대가 어떻게 할 거라고 하면서 우리는 어떻게 하면 된다고 하셨는데 늘 말씀대로 그런 상황이 나오고 경기도 잘 됐다. 신기했다"고 말했다.

출처: http://sports.khan.co.kr/sports/sk_index.html?art_id=202001270207003&sec_id=520201

기자는 공격수가 아닌 미드필더로서 원두재의 최우수선수 수상이 갖는 의미를 설명하였다. 이어 대회에서의 활약상과 프로선수로서의 궤적을 통해 선수를 소개하였다. 그리고 믹스트존mixed zone에서의 인터뷰를 통해 마지막으로 김학범 감독에 대한 감사로 기사를 끝맺었다.

'실문'으로 엔딩을 장식할 수도 있다. 그러나 질문을 하는 것은 독자에게 불편할 가능성이 많다. 일반적으로 스포츠 기사를 읽는 사람은 기사를 통해 답을 알고 싶어 하지 대답을 하고 싶지는 않기 때문이다. 그러나 가끔은 대화체 형식의 수사학적인 질문으로 끝맺는 것이 효과적일 때가 있다. 이번 주에 마스터스 골프대회Masters Tournament가 있다고 생각해 보자. 출전하는 선수들의 화려한 면면을 살펴보는 것, 그 자체만으로도 팬들은 설레기 마련이다. 더욱이 각자 반드시 우승할 것 같은 이유들을 갖고 있다. 어떤 선수는 최근 놀라운 상승세를 보이고 있고, 또 다른 누구는 유독 오거스타Augusta 골프장에 강한 구질을 갖고 있다. 다른 선수는 최근에 있었던 라이벌과의 미묘한 신경전을 끝내기 위해 만반의 준비를 갖추었다. 이와 같이 선수들의 장단점과 이유를 쭉 소개하는 예고기사를 썼다면 읽는 사람은 누가 우승할지 흥미진진할 수밖에 없다. 이런 경우 기사의 마지막 문장을 다음과 같이 끝낼 수 있을 것이다. "자, 당신의 선택은 누구인가?"

스포츠 기자는 종종 자신의 기사를 통해 큰 그림을 그린다. 전반적인 리그의 흐름, 선수의 트레이드, 구단 간의 움직임, 각종 부상과 스캔들, 산업적인 변화 등등, 엔딩에서 이 같은 내용을 '정리summary'하는 문장이 나오면 깔끔한 느낌을 주게 된다. 독자는 모든 것을 정리해주는 기자의 마지막 문장에 박수를 보내게 된다.

'일화'로 스포츠 기사를 끝내는 것은 단색화에 색채를 입히는 것과 같다. 그 자체로 기자의 생각이나 결론을 대변해 준다고 할 수 있다. 〈스포츠 일러스트레이티드Sports Illustrated〉 지의 릭 레일리Rick Reilly가 리틀야구에서 실제로 일어났던 사건을 보도한 기사가 이를 잘 보여준다.

당신의 판정

〈스포츠 일러스트레이티드〉, 릭 레일리(Rick Reilly), 2006. 8. 14.

이것은 실제로 일어난 일이다. 그리고 당신은 이에 대해 판정해야 한다.

타인에게 너그러운 주로 알려진 유타Utah 주에서 9살에서 10살짜리 어린이들이 참가하는 포니리그 챔피언십PONY league championship이 열렸다. 양키스Yankees 팀은 레드삭스Red Sox 팀을 한 점 차로 이기고 있다. 삭스의 마지막 공격이고 2사에 주자는 3루. 타석에 들어선 선수는 삭스 최고의 강타자로 이름을 날리고 있는 조던Jordan, 다음 타석에는 삭스에서 가장 못 치는 롬니Romney가 대기 중이다. 작고 마른 롬니는 암환자로 성장 호르몬을 맞아야 하고 뇌에 사고를 당한 적이 있다.

자, 당신이 감독이라고 치자: 당신은 강타자를 걸리고 간신히 스윙할 수 있는 다음 타자를 상대하도록 지시를 내릴 것인가?

잠깐! 대답하기 전에… 이것은 모든 선수가 타석에 들어서야 하는 리그이다. 한 이닝 당 낼 수 있는 점수는 최대 4점이고, 공이 홈 플레이트를 지나기 전에는 스틸을 할 수도 없다. 한편 스탠드는 응원단으로 꽉 찼고, 이것은 타이틀이 걸린 경기이다.

자, 당신이라면 투수에게 강타자와 승부하라고 할 것인가, 아니면 형편없는 타자를 상대하라고 할 것인가?

양키스 감독인 밥 활리Bob Farley는 고의 사구를 선택했다.

부모들은 야유했다. 심판인 마이크 라이트Mike Wright는 '쉽게 간다'고 생각했다. 관중석에 있던 롬니의 8살짜리 여동생은 울음을 터트렸다. "그들은 롬니를 상대할 거야." 어린 소녀는 울먹였다. 결국 롬니는 손쉽게 스트라이크 아웃을 당했다. 양키스는 환호했고 삭스는 신음했다. 양 팀의 코칭 스태프는 거의 싸울 뻔했다.

그리고 롬니는? 그날 밤 울면서 잠이 들었다.

"그 사건이 너무 괴로웠습니다." 롬니의 아버지인 마를로 옥스Marlo Oaks는 말했다. "한 무리의 병아리 중에서 가장 약한 병아리를 상대했습니다."

활리와 고의 사구를 권했던 코치 션 화Shaun Farr는 롬니가 암환자라는 걸 몰랐다고 말했다. "설사 알고 있었다고 해도," 화는 주장했다. "나는 똑같이 했을 겁니다. 그것은 야구의 좋은 전략이지요."

롬니의 엄마인 이레인Elaine은 이미 코치인 화가 롬니가 암환자임을 알고 있었다고 생각했다. "롬니가 암환자인 것은 우리 아이가 부시 대통령을 만났을 때 신문에 났습니다." 그녀는 말했다. 사람들의 소원을 들어주는 행사 덕분에 일어난 일이었다. "그리고 화는 롬니의 농구 코치입니다. 나는 롬니의 모든 코치에게 아이가 아프다는 말을 했습니다."

그녀는 반드시 그랬을 것이다. 롬니는 방사선 치료 때문에 항스트레스 호르몬이 충분히 생성되지 못한다. 심각한 부상을 당한다면 빨리 코르티손 주사를 맞아야 한다. 그렇지 않으면 생명에 지장이 있을 수 있기 때문이다. 롬니가 센터필더이지만 꼭 헬멧을 쓰고 수비하는 이유이기도 하다. 그런데 코치인 화가 그걸 몰랐다?

지역 신문인 〈데이비스 클리퍼Davis Clipper〉의 스포츠 담당 에디터 벤 드 보Ben De Voe는 양키스의 결정을 비난했다. "양키스 코치들이 바보들이나 쓰는 모자를 쓰고 벽난로 위에서 축하하기 바란다."라고 썼다.

이 기사는 자비로운 도시를 적대감으로 찢어 놨다. 어떤 사람은 드 보를 해고하라고 요구했고, 코치 화와 감독인 활리를 "훌륭한 사람"이라고 말했다. 어떤 이는 이들 코치를 "불쌍한 인간들"이라 불렀다. 또 다른 사람은 "꼭 혼을 내줘야 한다should be tarred and feathered"고 드 보에게 편지를 썼다. 블로그와 독자 면은 난리가 났다. 주 의회 후보자는 "부끄러운 일"이라고 성토했다.

양키스 코치진이 한 일은 야구 규칙을 범하지 않았다. 그러나 동정심보다 승리하는 것이 더 중요한가? 아니면 롬니는 동정심 때문에 다른 친구들과 다른 대우를 원했을까? 블레인Blaine과 크리스 스미스Kris Smith는 〈클리퍼Clipper〉 지에 "난독증을 가진 소년은 특별한 대우를 받아야 하느냐?"라고 썼다.

"안경을 낀 선수는 스트라이크 아웃을 당하면 안되는가? … 절대로 그렇지 않다! 그들은 경기의 규칙에 의해 플레이해야 한다."

양키스 코치들은 삭스의 코치들도 똑같이 그랬었을 것이라고 주장했다. 삭스의 코치인 키스 걸브랜슨Keith Gulbransen은 "나는 그렇게 하지 않을 뿐 아니라, 그렇게 하지도 않았다. 상대 팀 최고의 타자가 나오면 그를 상대로 던지게 했다. 특히 타자가 롬니라면 절대 그렇게 하지 않을 것이다."

코치 화는 삭스의 감독이 위선자라고 생각했다. 그는 모든 감독은 가장 못하는 선수를 우익수로 배치하고 포수가 잘 못 던진다면 스틸을 시도한다고 지적했다. "그게 작전 아닌가?" 그가 말했다. "그게 바로 이기려는 노력 아닌가? 우리는 모든 리그가 특정 선수에게만 쉽게 대해 그가 승리자가 된 기분을 느끼도록 해야 하나? 이건 장애인올림픽이 아니다. 그는 지체아가 아니다."

기자의 생각? 양키스가 한 일은 악취가 난다. 작전은 메이저 리거들을 상대로 하는 것이지 머리에 튜브를 꽂은 작은 어린이를 상대로 할 일은 아니다. 그걸 알았든 몰랐든 그렇다. 야구에서 할 수 있는 좋은 작전이라고? 이건 프로 경기가 아니다. 이것은 모든 선수가 타석에 들어서야 하는 한 시간짜리 경기다. 즐겁기 위한 경기란 말이다.

양키스 감독진이 한 일은 아이들이 아니라 자신들을 위한 것이었다. 그들에게는 바비큐 파티에서 으스댈 자랑거리가 생겼다. 그들은, 연약한 아이에게 아픈 상처가 되어도, 그게 야구라고 말할 것이다. 이 나라 전역에서는, 승리로 도배된 스포츠 방송을 자주 봐 이상해진 코치를, 아이를 교육시키기보다는 승리를 원하는 코치를 너무 많이 보게 된다. 그리고 그들은 곧 시간이 지나면 이 사건을 잊어버릴 것이다.

아, 그런데 말이다. 다음 날 아침 일어난 롬니는 뭔가를 결심했다고 한다. "지금부터 배팅 연습을 할 거예요." 롬니가 아빠에게 말했다.

"언젠가는 상대 팀이 나를 고의 사구를 내고 싶어 하는 선수가 될 거예요."

출처: https://www.si.com/vault/2006/08/14/8383772/you-make-the-call

롬니는 그날 누구보다도 큰 아픔을 겪었다. 지켜본 부모와 감독과 또 다른 학부형들, 그리고 독자도 물론 슬픔과 안타까움을 느꼈으리라. 마지막에 등장한 이 일화는 주변에서 벌어졌던 모든 말씨름과 (억지)주장과 논란을 한꺼번에 날려 버렸다. 그리고 우리는 이를 통해 안도감과 희망을 느낀다. 일화를 가장 효과적으로 사용한 엔딩 중 하나다.

이 밖에도 스포츠 기자는 자신의 주장이나 의견을 배치하거나 미래에 대한 전망으로 자신의 기사를 마무리할 수 있다. 기사의 마지막 문장은 '가장 유용'하거나 '효과적'일 수 있음을 늘 기억해야 한다.

스포츠 기사를 위한 취재의 기본 _04

스포츠 취재는 어렵다. 베테랑 기자도 처음 스포츠를 취재할 때는 당황하기 쉽다. 현장에서 급박하게 돌아가는 상황은 무엇을 취재해야 하는지를 모를 때 더욱 곤혹스럽다. 부상의 취재 지시가 떨어졌을 때, 스포츠 기자가 반드시 취재해야 될 내용을 알고 있으면 대처하기가 쉽다. 스코어와 분위기는 물론 선수와 감독의 인용 등 반드시 확보해야 할 정보에 대해 알아보자.

취재 지시가 데스크로부터 떨어지면 스포츠 기자는 무조건 현장으로 나가야 한다. 그곳이 경기장이 됐건, 인터뷰 현장이 됐건 간에 가벼운 흥분과 함께 머릿속은 취재 계획으로 복잡해지기 마련이다. 기자 초년시절에 있었던 에피소드 중 빠지지 않고 나오는 이야기는 "넌 어떻게 그게 궁금하지 않냐?"는 질타이다. 기껏 여러 가지 팩트를 취재해 기사를 송고하면, 담당 차장으로부터 추가 질문이 들어오기 마련이다. 열심히 나름대로 취재했지만 정작 그들이 원하는 내용은 하나도 모르고 있다는 사실을 확인하게 되면 난감한 결론에 이르게 된다. '아, 난 기자가 안 맞는구나!'

스포츠 기자는 절치부심(切齒腐心)하고 나면 좀 더 나은 기자가 된다. '오늘 기사에서 부장이 기대하는 내용은 무엇일까?', '기사에 빠지지 말아야 할 것은 무엇이지?', '현장에서 가장 처음에 해야 될 일은 어떤 걸까?' 등을 자문하며 자동차에서 내린다. 자, 취재를 나가서 무엇을 할 것인가.

스코어

가장 기본 중의 기본이다. 현장에 가면 누구나 파악할 수 있고 관련된 데이터까지 모두 확보할 수 있다. 그러나 최종스코어가 빠진 스포츠 기사는 셀 수 없이 많다. 가장 큰 이유 중의 하나는 지나친 욕심 때문이다. 스포츠 기자는 언제나 근사한 문장으로 독자의 시선을 끌고 싶은 욕망에 사로잡힌다. 때로는 리드문을 작성하는 데 골몰하기도 하고, 때로는 마지막 엔딩에 힘을 쏟기도 한다. 그러다 보면 정작 가장 중요한 부분을 소홀히 하게 된다.

스스로 '기사 세 문단 안에는 반드시 스코어를 집어넣는다.'는 규칙을 정해놓으면 좋다. 다음은 스코어와 관련된 전설. 과거에는 배구 경기가 15점 3세트로 진행되었었다. 배구를 잘 몰랐던 기자는 기사에 '최종스코어 45 대 38로 A팀이 승리했다.'고 보냈다.

분위기

현장의 분위기를 전달하면 스포츠 기사의 효과가 배가될 수 있다. 경기 현장에 있는 관중 수를 확인하게 되면, 독자들은 경기가 얼마나 뜨겁게 진행되었는지 알 수 있다. 오감을 동원하는 것도 좋다. 시끄러운 응원 소리와 현란한 복장 등 청각과 시각을 자극하는 내용을 배치하면 효과적이다. 후각을 통해 보수성을 보여줄 수 있다. (결코 공개적으로 밝히지는 않지만) 미국의 마스터스 골프대회는 거만한 백인남성 우월주의의 냄새가 풍긴다. 이 같은 분위기를 보여주기 위해 코스 곳곳에서 맡을 수 있는 '짙은 시가cigar 냄새'를 표현하는 것도 한 방법이다.

인용

경기의 전과 후에는 감독이나 선수는 물론 관련 전문가의 말을 최대한 들어두어야 한다. 경기 기사를 작성하기 전에 전반적인 방향을 잡기에 좋다. 또 경기의 전환점에 대한 기자의 판단을 위해서도 필요하다. 승패가 결정된 후 털어놓는(또는 흥분된 상태에서 노출된) 말들은 기사에 생동감을 불어넣는다. 나중에 쓰기 위해서라도 '정확한 워딩'을 녹음해 두는 것이 좋다.

기록

리그가 막 시작되었을 때는 특별한 의미가 없다. 그러나 시즌의 막바지나, 순위 싸움이 한창 진행되었을 때는 중요한 의미가 있다. 선수나 감독의 개인 기록도 중요한 시점에서는 반드시 보도되어야 한다.

역사

아마추어 경기지만 서울대 야구부가 199패 끝에 1승을 한 적이 있다(물론 그 후에도 패배의 역사는 계속 진행되었지만…). 역사적인 승리의 순간은 해당 팀만큼이나 보는 이도 짜릿하기 마련이다. 반복되는 불운 또한 마찬가지이다. 라이벌 팀끼리 있었던 과거의 역사도 언제나 흥미진진한 기사의 소재로 활용될 수 있다.

부상

스포츠 팬들은 자신이 응원하는 선수가 아주 가벼운 부상이라도 당했다면, 그에 대해 자세히 알고 싶어 한다. 흔히 '아프지 않은 선수는 없다'지만 경기 중 발생한 부상에 대해 스포츠 기자는 충분히 파악하고 있어야 한다.

통계 자료

강타자와 '진정한' 강타자를 구분하는 기준은 누상(壘上)에 주자가 있을 때 어떤 차이가 있는지로 판단할 수 있다. 우승 횟수도 똑같이 취급되어서는 안 된다. 메이저 대회와 B급 대회로 나눠서 파악해야 한다. 골프선수의 능력은 드라이브샷 거리 외에도 그린 적중률과 파 세이브율, 퍼팅 수로 구분해 세밀하게 봐야 한다. 퍼팅 수도 그린에 올라갔을 때의 횟수인지, 아니면 그린 주변에서 퍼터를 사용한 횟수까지 포함된 것인지 구분해야 한다. 숫자가 말하는 목소리를 독자에게 제대로 전달하려면 협회가 제공하는 통계자료만 인용해서는 안 된다. 제공된 통계의 구체적인 배경, 내용까지 알고 있어야 한다.

경기 내용

경기 진행과 관련된 모든 상세한 내용을 파악해야 한다. 전반전과 후반전의 경기 상황, 1쿼터에서 4쿼터까지 진행된 결과, 매 세트별로 있었던 랠리rally의 모든 순간을 스포츠 기자의 머리는 알고 있어야 하고, 손가락은 이를 타이핑할 수 있어야 한다. 역연대기적 구조로 기사를 쓴다면 경기의 '끝에서 시작까지' 모든 내용을 담아야 한다. 물론 양 팀 합쳐 150점이 넘게 점수가 난 농구 경기나 5 대 4로 끝난 축구 경기의 모든 경기 상보를 전달할 수는 없는 일이다. 그러나 경기 내용을 상세히 쓸 수 없으면 제대로 된 취재가 이뤄진 것이 아니다.

스포츠 기사의 확장 _05

스포츠 기사의 빛나는 문장은 다양한 기사 형태를 통해 드러난다. 국내에서 흔히 '박스 기사'로 불리는 사이드바sidebar 기사는 순간을 통해 전체를 관통하는 통찰이 들어 있으며, 피처 기사는 스트레이트 기사 너머의 장면을 우리에게 보여준다. 한 명의 인간으로서 스타 선수가 갖고 있는 고뇌와 좌절, 희망과 미래는 인터뷰 기사라는 형식을 통해 드러날 수 있다. 모든 스포츠 기자가 궁극적으로 도달하고자 하는 지점은 스포츠 칼럼에서 완성된다. 단순 정보의 전달일 뿐이라는 기사에 대한 일반인들의 편견은 스포츠 기사의 확장을 통해 극복될 것이다.

스포츠 기사에 관한 외국의 저서들은 반드시 사이드바sidebar 형태의 기사를 어떻게 써야 하는지를 다루고 있다. 반면, 국내에서 발간된 기사 작성 관련 책들은 대부분 이에 대해 특별히 언급하고 있지는 않다. 그러나 스포츠 기사의 진면목을 볼 수 있는 것이 사이드바 기사이다. 편집국에서 관행적으로 '박스 기사'라고 부르는 형식이다. 이 밖에 인터뷰 기사나 피처 기사들도 스포츠 기사의 '읽는 즐거움'을 배가시켜 준다.

사이드바 기사(박스 기사): 작지만 큰 기사

사이드바 기사는 '메인 뉴스에 따라오는 스토리'(Craig, 2002)로 스트레이트 뉴스straight news에서 다루지 못한 내용이 주를 이룬다. 특히 승패를 결정한 '왜'와 '어떻게'에 대한 구체적인 내용을 담는다. 경기의 '작은' 부분을 통해 '큰 그림'을 설명하는 역할을 한다. 물론 패배한 팀의 플레이나 원인에 초점을 맞춰 쓸 수도 있는데 '도대체 무슨 일이 일어났는가?'라는 질문에 답을 쓰는 것으로 봐도 괜찮다. 스티브 크레이그Steve Craig(2002)는 사이드바 기사에는 '스트레이트 뉴스의 흐름을 방해할 수 있는, 그러나 반드시 독자에게 전달해야 할 내용'을 담는다고 조언한다. 때로는 피처 스토리feature story의 축소판으로 '작은 주제'를 담기도 한다.

사이드바 기사에 담길 주제에 대해 라이날디와 완타(Reinardy & Wanta, 2009)는 보다 다양하게 제시한다.

스타

스포츠 기자에게 스타에 대해 쓰는 일은 일견 진부해 보이기도 하다. 그러나 독자라면 누구나 읽고 싶어 하는 것도 사실이다. 가장 뛰어난 성적을 올리거나 팀에서 매우 중요한 선수를 스타라고 한다면 그(녀)에 대해 무엇을 쓸 것인가? 다음은 스타를 기사로 쓸 때 가능한 주제들이다. '그의 플레이는 다른 선수들과 무엇이 다른가?', '지금의 위대한 능력을 보이기 전인 선수 초창기에 어떤 노력을 해서 오늘의 자리에 이르렀는가?', '그(녀)를 가르친 스승은 누구인가?', '스승으로부터 어떤 가르침을 받았는가?', '스타 선수로서의 삶에 그(녀)만의 독특한 점이 있는가?' 물론 위대한 선수의 위대한 플레이만이 보도할 가치가 있는 것은 아니다. 스타의 실패와 실수 또한 충분히 읽을 만한 가치가 있다.

희생양

결정적으로 경기를 망친 선수나 '누가 비난을 받아야 하는가?'라는 책임 소재를 찾는다는 의미는 아니다. 스포츠 팬은 그럴 수 있지만 스포츠 기자가 '비난경기blame game'에 열을 올리는 것은 결코 바람직하지 않다. 그러나 패배한 후의 선수들이 느끼는 감정이나 자책, 회한 등은 독자의 정서에 큰 울림을 줄 것이다. 인생에서는 누구나 실패에서 큰 교훈을 얻는 법이다.

만년 후보

경기장을 뜨겁게 하는 대신 벤치만 달구는 선수는 많다. 우리의 직장에서도 이런 사람을 많이 보게 된다. 그러나 우리는 그들의 삶이 극적으로 변하는 순간을 기대하고, 응원한다. 영화 〈퍼펙트 게임Perfect Game〉은 조승우(최동원 역)와 양동근(선동열 역)의 대결을 다루고 있다. 그러나 이 영화의 장면 중에서 가장 심장이 뛰던 순간 중 하나는 만년 후보 포수였던 마동석이 홈런을 날리는 장면이었다.

사건과 사고

프로야구 경기에서 종종 볼 수 있는 벤치클리어링bench-clearing brawl은 어떻게 일어나게 되었을까? 상대편을 존중하지 않는 어느 선수의 무례함이 원인일 수도 있고, 상대편의 오해에서 비롯되었을 수도 있다. 그리고 이 상황이 어떤 식으로 경기의 결과에 영향을 미쳤는지는 경기의 중요한 부분이다. 물론 이렇게 화제가 될 수밖에 없는 내용도 가능하지만 경기 중간의 휴식 시간에 감독과 선수 간에 있었던 일이나 지시(팬은 물론 기자도 라커룸에 들어갈 수 없어 잘 알려지지 않지만)도 좋은 소재이다.

이정표

최단기간 100호 홈런이나 감독 데뷔 후 쌓아올린 특정한 승수는 좋은 소재이다. 물론 대부분의 동료 기자들이 이 같은 내용을 미리 알고 있기 때문에 차별화해서 쓰기 위한 준비가 필요하다.

마지막 순간

은퇴 경기를 마친 테니스 선수가 코트를 떠나가는 장면을 보면 어떤 생각이 들까? 그와 오랜 시간을 함께하며 응원한 팬들의 가슴에는 동그란 파문이 크게 일어날 것이다. 또는 마지막 경기를 앞둔 위대한 선수가 스파이크 끈을 묶으며 경기 전에 늘 하던 루틴routine 동작을 서서히 하는 장면은 어떨까? 그라운드를 지그시 바라보던 그가 마침내 왼손에 글러브를 끼고는 '탁탁' 오른손으로 두 번 글러브를 치며 '자, 마지막 시작이다!'라고 결의를 다진다. 이 장면을 지켜본다면 스포츠 기자에게는 무엇을 쓸 것인지 수많은 선택지가 놓여 있는 것이다.

부상

프로선수의 부상은 단순히 한 개인만의 불행이 아니다. 그것은 주당 수(십)억 원을 지불한 팀은 물론이고 리그 자체에도 크나큰 손실이다. 또 팬들이 느끼는 상실감도 클 수밖에 없다. 어떻게 다쳤는지, 부상 부위는 어디인지, 의사의 진단에 따른 치료기간은 어떻게 되는지, 선수로서의 생명에 지장은 없는지 등등의 내용이 사이드바 기사에 담길 수 있다.

용호상박(龍虎相搏)

리그의 절대강자로 군림하는 투수와 최고의 강타자가 맞붙는 장면은 뉴스 가치가 높을 수밖에 없다. '막으려는 자'와 '넣으려는 자'의 플레이에 따라 그날의 승부가 결정되었다면? 둘 간에 팽팽하게 벌어졌던 장면을 별도로 작성한다면 독자들은 그 기사부터 읽을 확률이 높다.

피처 기사: 스트레이트 기사 너머의 스토리

기손디(Gisondi, 2018)는 "오늘 필드에서 있었던 일, '그 너머'에 대한 기사"를 피처 기사라고 정의한다. 경기에 대한 스토리를 담고 있는 스트레이트 뉴스 이외의 다른 읽을거리를 의미한다. 따라서 스포츠 기자가 쓰는 피처 기사에는 짧은 소설을 쓸 때와 마찬가지의 준비가 필요하다고 기손디는 주장한다.

소설가가 단편소설을 쓴다면 아마도 그의 머릿속에는 여러 가지 장면들과 함께 상황, 캐릭터, 대화, 묘사 등을 고려할 것이다. 이는 스포츠 기자의 두뇌 안에도 마찬가지 활동이 일어나야 한다는 의미이다. 피처 기사의 개념에 대해 이건호(2017)는 '부분을 통해 전체를 대표하는' 기사로 설명한다. 넓은 의미로 피처 기사는 '뉴스와 광고를 제외한 신문 지상의 모든 정보'로도 쓰이지만, 이건호는 기사를 '스폿뉴스spot news와 뉴스피처news feature, 피처

feature로 세분화[5)]한 멜빈 멘처Melvin Mencher의 구분을 소개하고, 이 중 피처 기사는 '흥미로운 요소를 이용해 독자를 즐겁게 하는 기사'라고 설명한다. 윌스타인(Wilstein, 2002)은 스포츠 기자에게 피처 기사는 '사실과 인용으로 무장된, 그러나 소설의 기법을 사용하는 짧은 논픽션'이어야 한다고 말한다. 그래서 윌스타인은 피처 기사를 쓸 때는 이미지, 대화, 플래시백flashback과 연대기적 서술, 인간의 긴 삶을 순간순간의 조각들로 응축시키는 기술 등 영화적 요소들의 영향을 받았다고 고백하였다. 크레이그(Craig, 2002)는 '인터넷 시대에 독자들이 신문의 스포츠 면을 읽게 할 수 있는 것은 단 두 가지, 피처 기사와 칼럼'이라고 단언한다. 그렇다면 피처 기사를 어떻게 쓸 것인가?

1. 준비단계

당연히 가장 먼저 준비할 일은 '무엇을 쓸 것인가'를 정하는 일이다. 선수의 플레이에 담긴 의미에 대해 쓸 것인지, 팀 내부에서 일어났던 갈등을 쓸 것인지, 아니면 팬들의 열정과 고통을 지면에 담을 것인지 결정해야 한다. 물론 이 과정에서 기사의 내용에 대한 기자 본인의 생각과 데스크의 판단이 다를 경우가 많다. 사전에 충분히 조율하지 않으면 자칫 낭패를 볼 수 있다. 기사 아이디어가 확정되었다면 그에 대한 사전 '공부'가 필요하다. 기자의 촉에 걸

5) 이에 대한 자세한 내용은 『언론 글쓰기, 이렇게 한다』(이건호, 2017)의 pp. 102-107을 참조.

린 현상, 그것을 둘러싼 여러 분위기와 다른 태도, 관련된 인물과 성적 뒤에 깔린 통계까지. 이 모든 것을 담아 한 장의 아웃라인outline을 만든다. 그러고는 가능한 질문을 정리해 본다. 그 후에는 인터뷰할 대상이 누구인지 정하고 그들을 찾아내야 한다.

2. 인터뷰

- 인터뷰를 진행할 때는 자신이 질문할 요점이 정리된 '커닝 페이퍼cunning paper'가 필요하다. 인터뷰를 하다 보면 자칫 중요한 질문을 놓칠 수 있을 뿐 아니라 흐름을 잃어버리기도 쉽다. 상대의 눈을 바라보며 이야기하지만 기회를 봐서 슬쩍슬쩍(시험 때 학생이 교수의 눈을 피하듯이!) 참고하는 것이 좋다.
- 필요한 정보를 완전히 얻을 때까지 대답에 꼬리를 물고 질문하는 것이 필요하다. 사람, 장소, 사건 그리고 이슈 등 기사에 필요한 모든 것이 스스로 이해되고 완전히 파악될 때까지 집요하게 물어야 한다.
- 선수 개인에 대해 쓴다면 가장 마지막에 인터뷰해야 될 대상은 바로 그 선수이다. 외부에서 내부로 치고 들어가는 것이 좋다. 선수에 대한 정보를 기꺼이 줄 수 있을 뿐 아니라 잘 아는 사람은 친구나 가족이다. 이들은 기자가 하기에 따라 '무장해제' 되기가 훨씬 쉽다. 이들을 통해 얻은 정보를 바탕으로 선수를 만나라.

- 솔직한 것이 왕도이다. 스포츠 기자가 무엇을 알고 있는지, 이미 누구를 만났는지, 무엇에 관심이 있는지, 가급적 최대한 상대방이 알 수 있도록 하는 것이 좋다. 기자에 대한 신뢰감을 높여줄 뿐 아니라 기자가 모르거나 깨닫지 못했던 것을 말해주고 싶어 할 가능성이 높다.
- 망설이거나 미안해하지 마라. 예를 들어 다음과 같은 말을 해야 할 때가 있다. "아까 말씀하신 게 이해가 잘 안 되는데, 확실하게 하기 위해서 한 번 더 물어봐도 될까요?"
- 민감한 질문을 할 때는 두꺼운 얼굴이 되는 것을 마다하지 마라. 예를 들면 이렇다. "당시의 병명이 정확히 치질이었나요?"
- 기사에 색채를 입히기 위해서는 다각도로 질문해야 한다. "그때 당신은 무슨 냄새를 맡았습니까?", "당신은 그때 햇빛을 등지고 서 있어서 잘 볼 수 없었지 않았나요?", "그 사건 때 정확히 감독을 지지하지 않았던 이유는 무엇이었습니까? 개인적인 생각인지, 전술적인 부분인지 궁금합니다.", "그날의 온도는 어땠습니까?"

3. 기사를 쓸 때

- 기사 전체를 지배하는 무드mood를 정해라. 스포츠 기사는 긴장감을 유지한 채 진지한 분위기로 전개될 수도 있지만 유머러스할 수도 있다. 먼저 기사의 전반적인 톤tone을 결정하면 뉘앙스가 다른 단어와 문장이 머릿속에 떠오를 것이다.

- 핵심 주제어를 잘 잡으면 전반적으로 기사를 써나가기 편하다. 편집국에서 소위 '야마'라고도 하는데 기사의 핵심은 처음 취재를 하려고 마음먹은 때와 취재가 진행되는 상황에 따라 다를 것이다. 예를 들어 노장 감독에 대한 피처 기사를 쓸 때, 애초에는 '가족'을 키워드로 가난했던 어린 시절에 포인트를 맞췄으나, 취재를 하다 보면 선수들과의 관계인 '믿음'이 더 부각될 때도 있다.
- 기사의 핵심을 바탕으로 쓰고자 하는 전체 기사 내용을 단 두 문장 이내로 표현해 보라. 이것이 잘 안 된다면 아직 피처 기사를 쓸 준비가 안 된 것이다. 처음으로 돌아가 다시 점검할 필요가 있다.
- 기사에는 애매한 내용을 남기지 마라. 기사를 통해 모든 것을 설명해야 한다. 독자가 기사를 읽다 기자가 설명하지 않아 네이버나 다음에서 찾아봐야 한다면, 아마도 기사를 다시 찾아 읽지 않을 가능성이 높다.
- 스마트폰으로 읽는 독자도 생각해야 한다. 스마트폰 화면의 하단에 걸린 문장이 재미없으면 더 이상 화면을 내려 보지 않을 수도 있다. 모든 문장이 뉴스 가치를 갖든, 흥미롭든, 아니면 정보를 제공하든 매력을 느낄 수 있어야 한다.

4. 추가: 작가로부터 배우는 몇 가지 테크닉

- 충돌conflict 스포츠 세계는 이해와 이해가 맞부딪히는 현장이다. 하나의 우승컵을 놓고 팀과 팀이 대결하며, 일반인이라면 몇 년은 놀고먹을 수 있는 어마어마한 상금을 위해 선수들은 충돌한다. 그뿐인가. 여성 선수들은 사회적 관습에 대놓고 도전하기도 하며, 다문화 출신의 선수 또한 우리 사회의 벽에 도전한다. 대학생이 된 여자 야구선수의 현재는 미래라는 희망을 향해 현재의 제도와 관습에 충돌한다.
- 캐릭터character 드라마의 완성은 캐릭터라는 토대에서 출발한다. 기자가 쓰고자 하는 선수의 내면과 인생 역정 자체가 드라마인데 결코 평범하거나 단순할 수가 없다. 그(녀)의 특징을 드러내되, 그(녀)의 행동과 신체, 대화, 주위 사람들의 말로 알 수 있도록 하라. 그리고 우리가 매일 만나는 사람들이 그렇듯, 그들은 '절대선'도 아니고 완전한 '악의 화신'도 아닐 것이다. 복합적인 모습을 형상화하되, 결코 부정적인 모습을 보여주는 것을 두려워해서도 안 된다.
- 세팅setting 한 인물에 대한 인상이나 감정은 특정한 장소, 의복 등 물리적인 조건에 의해 결정되는 경우가 많다. 선수가 주로 가는 식당, 가장 편안하게 느끼는 장소, 좋아하는 색에 대한 묘사는 스타 선수도 우리 같은 보통사람과 다를 바 없다는 점을 다층적으로 보여준다. 이는 항상 효과적이지는 않지만 때로는 결정적이기도 하다.

- 주장voice 이것은 기사를 쓰는 기자의 특권이자 혜택이다. 피처 기사는 건조한 기사로는 절대 전달할 수 없는 내용을 쓸 수 있고 써야만 한다. 한 명의 라이터writer로서 스포츠 기자라면 누구나 읽는 이의 마음을 흔들고 싶어 한다. 당신의 느낌과 통찰력을 피처 기사에 담아야 한다. 그러나 기자 개인이 강요하거나 무조건 설득하려 해서는 안 된다. 인터뷰 대상자의 말과 행동, 일화를 통해 전해야 한다. 그래야 독자의 마음속에 일어난 파문이 크게 동심원을 그린다.

인터뷰 기사: 대화의 희열

스포츠 기자가 인터뷰[6]를 하는 목적은 세 가지이다. 새로운 정보, 전문가의 의견, 그리고 인터뷰 대상의 생각이나 감정. 이를 알아내기 어렵게 인터뷰를 방해하는 이유가 여러 가지 있겠지만 그중 가장 큰 부분은 선수의 '클리셰cliché'이다. 이를 어떻게든 피하고 기사화할 수 있는 내용을 끌어내야 한다.

인터뷰할 때 필요한 전반적인 기술과 진부한 응답을 피하는 법(Gisondi, 2018)을 소개한다.

---

6) 인터뷰 준비, 매뉴얼, 사례 등에 대한 자세한 내용은 다음 책을 참조한다. 유임하 · 허진석(2012). 『미디어를 요리하라: 스포츠맨을 위한 40가지 인터뷰 매뉴얼』. 파주: 서해문집.

몸은 우리의 생각보다 많은 말을 한다.

인터뷰를 시작할 때 가벼운 이야기를 하면서 상대방이 편안하게 느끼면 느낄수록 많이 노출된다. 보디랭귀지body language를 통해 얼마나 열정이 넘치는지, 행복한지, 혹은 분노하고 있는지를 알 수 있다. 인터뷰 대상자의 입과 눈, 몸짓을 주의 깊게 관찰해야 한다.

질문은 반드시 미리 준비하되 구체적일수록 좋다.

"마지막 퍼트를 놓친 이유가 무엇인가?"보다는 "마지막 퍼트를 할 때 무슨 소리가 들렸는가?"라는 질문이 훨씬 좋다.

결정적인 플레이가 있었다면 전체적으로 설명해 달라고 요청하라.

상대 팀의 수비 시프트defensive shift가 있었는지, 투수의 구종을 어떻게 예상하고 있었는지, 방망이를 어떻게 잡고 있었는지, 감독의 특별한 지시가 있었는지, 바람을 어떻게 느끼고 있었는지 등등 종합적으로 물어 보라. 이는 텔레비전 화면을 통해 지켜보고 있던 독자들은 전혀 알 수 없는 사실이다. 심지어 현장에서 직접 보고 있었어도 본인으로부터 듣지 않는다면 말이다.

인터뷰 대상자가 신이 나도록 하라.

당신이 흥미롭게 듣는다는 사실을 알면 알수록 더욱더 많은 말을 할 것이다. 상대를 향해 몸을 가까이 기울인다든가, 갑자기 눈을 크게 뜨거나, 크게 숨을 내쉬는 것도 방법이다.

중립적인 태도를 견지하라.

스포츠 기자는 선수를 설득해서는 안 된다. 특히 자신이 원하는 기사의 흐름으로 그를 유도해서도 안 된다. "혹시 이렇게 생각하지는 않았나요?"라고 질문하면 대부분의 사람들은 "그렇다."라고 대답할 것이다. 이 경우 기사는 결국 애초에 기자의 머릿속에서 그린 대로 나올 수밖에 없다. 독자들이 결코 깨달을 수 없었던 놀라운 사실을 제외한 채.

무대의 주인공이 누구인지를 늘 기억해야 한다.

일반적으로 팬들은 (안타깝지만) 스포츠 기자의 생각보다는 선수나 감독이 더 궁금하다. 기자 자신이 나서지 마라. '맨스플레인mansplain' 하려 해서는 안 된다. 입은 닫고 귀는 열어라.

꼬리에 꼬리를 무는follow up 질문을 하라.

자신의 서브로 게임을 끝낸 배구선수는 얼마나 서브를 잘 넣었는지 신이 나서 말할 수 있다. 이때는 "왜 마지막 서브가 좋았던 것인지?", "경기 전에 특별히 서브에 대해 연구하였는지?", "상대팀의 움직임을 어떻게 파악할 수 있었는지?" 등 관련 내용을 꼬치꼬치 캐물어라. 물론 이 같은 질문에 대한 선수의 대답에 대해서도 계속 물어볼 수 있을 것이다.

상대 팀에게도 물어봐야 한다.

스포츠 경기는 상대적이다. 인생사와 마찬가지로 한쪽 말만 듣고는 진실을 알 수 없다. 어쩌면 상대 팀이 더 진실을 알려줄 수 있다.

잘 모르는 용어는 재확인하라.

경기와 관련된 단어가 될 수도 있지만 선수들만이 쓰는 은어도 많다. 뜻이나 발음이 명확하지 않으면 그대로 기사화해서는 안 된다. 다른 선수에게도 물어볼 필요가 있다.

확인에 또 확인을 하라.

스포츠 기자는 결코 속기사가 아니다. 아무 생각 없이 받아 적어서는 안 된다. 인터뷰를 하다 보면 불명확한 발음 때문에 못 알아들을 때도 있지만 주변의 소음 때문에 잘 안 들릴 경우도 많다. 거듭 확인해야 한다.

신뢰를 지켜라.

누군가 '오프 더 레코드off the record'를 요청하는 순간이 스포츠 기자에게는 반드시 찾아온다. 필요하다면 그의 요청을 적극적으로 받아들여야 한다. 신뢰를 얻는 가장 좋은 방법이다. 또 나중에 더 큰 이슈가 기다릴 수 있다. 그리고 그때는 그의 더욱 솔직한 대답이 필요할 것이다. 신뢰할 수 있다는 믿음을 얻은 기자는 반드시 보답을 받는다.

정보를 얻는 데는 말이 문자보다 중요할 때가 많다.

휴대전화 문자를 보내서도 필요한 정보를 얻을 수는 있다. 그러나 휴대전화의 존재 이유는 문자를 보내는 것이 아니라 통화를 하는 데 있다. 최대한 대화를 하라. 가급적이면 직접 얼굴을 쳐다보면서.

선수의 '클리셰'를 피하는 것은 기자의 능력이다.

"음… 선수들은 이번 대회를 위해서 최선을 다했고 저 또한 제가 맡은 책임을 다하기 위해서 최선의 노력을 했으며… 음… 감독님과 코치님 모두 이번 결과를 위해 열심히 준비하였습니다. 성원해 주신 국민 여러분을 실망시키지 않기 위해 선수들은 모두 한마음으로…." 이와 같은 답변을 들으면 기자는 맥이 풀릴 수밖에 없다. 지면으로 이 같은 내용을 읽는 독자들의 실망감은 더욱 크다. 원인은 선수가 말하는 데 서툴거나 요령부득(要領不得)일 수도 있다. 또는 전문 매니지먼트 회사의 코치를 받아서 그럴 수도 있다(Stoldt et al., 2012). 사실 매니지먼트 회사는 말실수로 불필요한 구설수에 올라 선수의 가치(이미지)를 떨어뜨리느니 평범한 이야기만 해서 조용히 넘어가기를 더 바라기도 한다. 솔직히 이 같은 대답은 질문에 문제가 있었을 가능성이 많다. 대표적인 것이 "오늘 승리한 소감이 어떻습니까?"라는 질문이다. 상투적인 대답이 나올 수밖에 없는 틀에 박힌 질문이다. 경기에서 이겼는데 "기분 좋다."는 대답 외에 대체 무슨 말이 나올 수 있겠는가. 다음과 같은 질문을 한다면 훨씬 다채로운 대답이 나올 수 있을 것이다. "프리킥을 성공시키기 전에 당신의 눈에 들어온 것은 무엇입니까?", "그 위치에서는 몇 번이나 연습했나요?", "마지막 퍼트를 집어넣었을 때 특별히 마음속으로 다짐한 내용이 있었나요?"

칼럼: 궁극의 스포츠 기사

스포츠 칼럼을 쓰는 기자를 스티브 윌스타인Steve Wilstein은 단 한마디로 정의한다: 최고the best. 스포츠 칼럼니스트는 '단순히 좋은 문장을 쓰는 기자만을 의미하는 것은 아니다. 기자실 바깥에서, 평범한 기자들과 다르게 생각하는 기자'이다. 이들은 수습 과정을 통과해 기자실의 막내 과정을 거치고, 번번이 현장에서 깨지며 단련된 끝에 마침내 피니시 라인finish line에 들어선 사람들이다. 그들의 하얀 머리와 깊게 패인 주름을 지켜보다 보면 '저 사람도 과연 기자 초년병 시절이 있었을까?'라는 생각을 갖게 만든다.

기손디(Gisondi, 2018)는 스포츠 칼럼니스트가 쓰는 기사는 다양한 형식을 갖는다고 말한다.

게임 칼럼

경기에서 팬들이 알고 싶어 하는 하나의 장면을 뽑아내서 해부한다. 예를 들어 "골키퍼가 그 상황에서 취했던 행동은 무엇을 의미하나?", "그날 밤 벌어진 팀의 결과가 시즌 전체에 미칠 영향은 무엇인가?", "새로 조합된 수비진의 미래는 어떻게 전개되는가?" 등이다.

뉴스 보도

일반적으로 보도해야 할 내용, 즉 선수의 부상, 체포, 트레이드, 계약 등을 둘러싼 소식의 전달. 그리고 이 같은 사실들이 미래에 팀에 미칠 영향 등을 담는다.

인터뷰 칼럼

팬들에게 잘 알려져 있지 않지만, 누군가는 반드시 알아내야 할 주제에 대한 인터뷰. 특정 선수나 감독과의 인터뷰를 통해 새로운 방향을 제시한다. 강력한 파급력을 가질 수 있으며 피처 기사로도 발전시킬 수 있다.

'새로운 사실'을 전달하는 칼럼

고정 관념을 비트는 방식이다. 일반적으로 선수가 플레이를 잘 못한다면 부상이나 일시적인 슬럼프라고 생각할 수 있다. 그러나 팀 내부에서의 알력, 코치와의 불편한 관계, 전술상의 문제 등이 있을 수 있다.

주장형opinion 칼럼

스포츠 칼럼니스트가 하는 가장 중요한 일이다. 논쟁을 일으켜 집중포화를 당할 수도 있으나 스포츠 칼럼니스트라면 결코 회피해서는 안 된다.

기타

이 밖에 '사람들이 관심을 갖는human interest' 소재를 다룰 수 있는데 피치 기사와 유사하다. 또 칼럼니스트의 개인적인 사연이나 인연을 쓸 수도 있는데 자칫 지나치게 되면 거부감을 주기도 한다. 그(녀)의 사적인 내용을 읽고 싶이 할 만큼 모든 팬들로부터 사랑을 받는 칼럼니스트는 별로 없기 때문이다.

앞에서 스포츠 칼럼의 몇 가지 형식과 포함될 수 있는 내용을 소개하였는데, 칼럼을 쓰는 기자의 연륜과 테크닉, 경험은 이미 일정 수준을 넘어서기 때문에 많은 조언은 필요하지 않다. 그러나 라이날디와 완타(Reinaldy & Wanta, 2009)의 제안은 들어볼 만하다.

스포츠 칼럼니스트는 담대해야 한다.

항상 자신의 입장이 있어야 한다. 맞고 틀리고는 중요하지 않다. 자신만의 관점이 있느냐 없느냐가 중요하다. 설득력 있게 써야 하고 확실한 증거로 뒷받침해야 한다. 누군가는 칼럼에 대해 화를 낼 수도 있고 또 다른 사람은 비웃을지도 모른다. 그러나 최소한 자신의 칼럼을 읽었다는 것은 확실하니 그것만으로 위안을 삼아야 한다. 비난을 두려워하는 순간 두뇌활동은 멈춘다.

자기중심적인 사람egoist이 되어서는 안 된다.

자기 자신이나 가족과 관련된 내용을 자주 쓰지 마라. 사회적으로 유명한 사람도 아닌데 누가 기자 부인의 생각을 알고 싶겠는가? 자신의 경험을 지나치게 내세우는 것은 '내가 해봐서 아는데' 화법과 크게 다르지 않다. 특히 '나는'으로 시작하는 칼럼을 읽는 것만큼 괴로운 일은 없다. 지구상에서 가장 나이 많은 사람이 될 때까지 이러한 표현은 참는 게 좋다.

독자의 이해력을 뛰어넘는 지나치게 복잡한 칼럼은 지양해야 한다.

누구나 칼럼을 읽을 때는 몰랐던 사실을 알게 되거나, 새로운 깨달음을 얻고 싶어 한다. 그러나 현학적인 과시에 압도되고 싶어 하지는 않는다. 논문을 쓰는 학자가 아니라 기사를 쓰는 기자임을 명심해야 한다.

반복되는 주제를 피하라.

칼럼의 소재로 쓰일 만한 일은 스포츠계에서 매년 늘 똑같이 일어난다. 기자가 언젠가 다루었던 주제를 쓸 때는 편안함을 느끼기 마련이다. 그리고 인간은 안락함이라는 유혹에 약하다. 어쩔 수 없이 써야 한다면 과거와 다른 관점이나 조건을 찾아내고 최소한 문체라도 바꿔야 한다.

칼럼이 무기가 될 수 있음을 명심해야 한다.

칼럼에서 누군가의 해임을 요구할 수 있고, 선수의 일탈을 지적할 수도 있다. 이것은 지극히 정당한 칼럼의 소재이다. 그러나 누군가의 삶 자체를 건드리는 문제임을 잊지 말아야 한다.

지나친 비약은 하지 마라.

스포츠에서 얻은 통찰력은 우리의 삶을 풍부하게 만든다. 기업을 경영하는 데도 도움이 될 수 있고 자식에게 교훈을 주고 싶을 때도 효과적이다. 그러나 어떤 분야도 세상의 모든 질문에 정답을 줄 수는 없다. 모든 영역의 해답을 스포츠에서 찾으려 노력할 필요는 없다.

사적인 감정의 늪에 빠지지 마라.

칼럼니스트는 오랜 기간 동안 관계를 맺은 선수나 감독이 많을 수밖에 없다. 구단 관계자나 기업 대표도 많이 알기 마련이다. 교류를 통해 친밀감이 형성된다. 똑같이 출발한 젊은 정치부 기자들이 각각 여당과 야당을 출입하였다. 이들은 1년 후, 각각 철저한 '여당맨'과 '야당맨'이 되어 있기 마련이다. 사정을 잘 알고 이해하는 것과 한몸이 되는 것은 다르다.

공허한 글과 내용을 경계하라.

스포츠 기자들 사이에 떠도는 농구감독에 관한 전설적인 농담이 있다. 경기가 풀리지 않자 감독이 작전타임을 불렀다. "내 말 잘 들어라. 우리는 지금 수비와 공격, 두 가지가 안 되고 있다. 지금부터 공격할 때는 공격을 잘하고 수비진은 수비를 잘해야 한다. 이상!" 칼럼니스트가 게임 칼럼을 쓸 때 '첫 득점이 중요하다.'거나 '수비 실책이 있어서는 안 된다.'고 지적하는 것만큼 공허한 말은 없을 것이다. 누구나 알고 있는 도덕적인 훈계도 마찬가지이다.

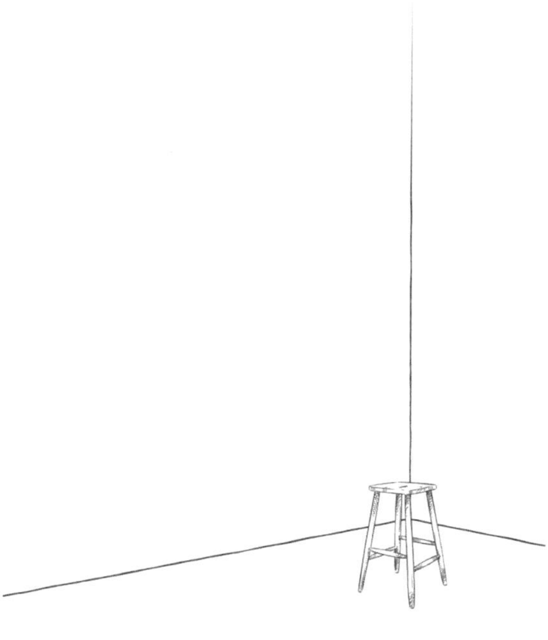

스포츠 기자의 윤리와 불문율 _06

일반적으로 '스포츠는 공정하다.'는 인식이 널리 퍼져 있다. 이것은 거의 공리axiom에 가깝다. 그렇다면 모든 스포츠 기사는 윤리적일까? 스포츠 기자를 위한 윤리가이드라인은 있는가? 독일의 스포츠 기자들은 2010년 스포츠 기자를 위한 가이드라인을 제정해 실천하고 있다. 이들은 자신들의 스포츠 기사를 통해 국수주의와 애국주의를 경계하며 인종과 종교, 정치적 차별 등에 저항한다.

스포츠 기자의 윤리

스포츠 기자와 스포츠 기사도 여타 사회 분야와 마찬가지로 윤리적인 문제에 노출되어 있다. 윤리와 관련된 스포츠 기사의 문제는 단순히 개인적인 면에만 국한되지는 않는다. 예를 들어 지나치게 애국주의에 의존해 작성된 스포츠 기사는 윤리적인 문제가 없을까? 이 문제를 생각하게 된 계기는 미국에서 있었던 한 특강 자리에서였다.

토마스 호키Thomas Horky는 독일의 대표적인 스포츠 저널리즘 학자이다. 2010년대 초반, 필자가 재학 중인 인디애나 대학교Indiana University를 방문하였다. 국제적인 명성을 가진 학자가 시골 중의 시골인 블루밍턴Bloomington을 방문했으니… 학과 교수들이 총출동하였고 '진지하지만 우호적인' 분위기에서 강연이 진행되었다. 그는 아시아를 비롯한 전 세계 15개 국의 스포츠 저널리즘에 대한 조사International sports press survey 결과를 발표하였다. 폴란드, 그리스 같은 유럽 국가는 물론이고 남아프리카 공화국까지 포함되었는데 아시아 국가 중에 한국은 빠져 있었다. 심지어 싱가포르와 말레이시아까지 조사 대상국이었으니 한국에서 온 '늙수그레한 박사과정생'은 심사가 뒤틀릴 대로 뒤틀려 버렸다. "발표 잘 들었다. 지금부터 다섯 개의 질문을 할 테니 하나도 빠짐없이 답변해 주기 바란다." 지극히 도전적인 태도에 화기애애했던 강의실 분위기는 갑자기 썰렁해졌고 급기야 학과 교수가 무마에 나서야 했다.

호키 교수 등이 발표한 논문에 따르면 '독일의 스포츠 기자협회 Association of German Sports Journalists'는 2010년에 총 51페이지에 달하는 '스포츠 기자를 위한 가이드라인'을 발표하였다(Horky & Stelzner, 2015). 가이드라인은 여덟 개의 중요한 원칙을 포함한다.

독일 스포츠 기자 가이드라인

1. 독일 헌법 제5조, 인권선언, 유럽협의회, 미디어와 방송을 관장하는 국내법, 그리고 국내조약에서 준수되는 전문적 특권은 스포츠 기자의 책임과 도덕에 비타협적으로 적용되어야 한다.
2. 스포츠 기자는 일체의 국수주의, 광신적 애국주의, 인종, 종교 또는 정치적 명예훼손이나 차별에 저항해야 한다.
3. 스포츠 기자는 공적인 기능을 수행한다. 스포츠를 취재하고 모든 영역에 걸쳐 평가한다. 스포츠 기자는 인도적인 스포츠 환경과 반(反)도핑, 반(反)부패를 위해 싸워야 한다.
4. 스포츠 기자는 독점해서는 안 되며 부당한 이윤을 취해서도 안 된다. 기자로서 불편부당해야 하고 기자의 독립성을 해칠 수 있는 초청이나 선물을 거부해야 한다.
5. 스포츠 기자는 인간의 존엄성을 보호해야 하며 개인과 사생활 보호를 위한 원칙을 준수해야 한다. 보도로 인해 개인의 삶이 영향받을 수 있음을 고려해야 한다.
6. 저널리즘의 기본원칙은 완벽한 조사와 함께 정확한 인용, 명확한 언어 사용을 포함한다. 스포츠 기자는 진실되고 객관적으로 보도한다.
7. 스포츠 기자는 저널리즘의 품질을 위해 충실히 복무해야 하며 높은 수준의 교육과 훈련을 추구해야 한다.
8. 스포츠 기자는 공정하게 행동하며, 타인의 비판에 열려 있으며, 상호 존중할 것을 약속한다.

또 다른 문제들: 스포츠 윤리와 관련한 개인적인 에피소드

미국에서 석사과정을 졸업할 때쯤, 박사과정 지도교수로 희망하던 인디애나 대학교의 폴 피더슨Dr. Paul M. Pedersen 교수로부터 면접을 보러 오라는 연락을 받았다. 당시 살고 있던 일리노이Illinois 주의 바로 옆 주라 같은 시간대인 줄 알았는데 1시간의 시차가 있었다. 결국 1시간을 지각하였다. 스케줄이 꽉 차 1시간 20분밖에 시간을 내줄 수 없다고 했으니 남은 시간은 20분. 짧은 시간도 문제였지만 첫 만남에 1시간을 지각했으니 합격은 이미 물 건너간 셈. '될 대로 되라.'는 자포자기 심정으로 대화를 나누었다. 그러나 서로의 스포츠 기자 생활과 연구 주제에 대해 이야기를 나누다 보니 어느새 미팅 시간은 2시간을 향해 가고 있었다(그동안 걸려온 세 통의 전화를 그는 모두 끊었다). 그리고 마침내 스포츠 기자의 윤리에 대한 대화를 나누는 데 이르렀다. "한국의 스포츠 기자들은 공짜표를 받는다." "그래? 우리는 공짜백도 받는데?" "공짜 시계를 받을 때도 있다." "공짜 여행도 심각한 문제지." 우리는 똑같이 너털웃음을 터트리며 악수를 나눴다.

스포츠 기자의 윤리와 관련된 문제는 '뇌물payola, 공짜 선물freebie, 의도된 와전misrepresentation, 표절plagiarism, 조작fabrication, 부정확성inaccuracy' 등 다양하게 나타난다. 1970년대 〈콜롬비아 저널리즘 리뷰Columbia Journalism Review〉에 발표된 한 논문에는 '빠른 50

fast fifty'이라는 단어가 등장한다(Surface, 1972). 팀이나 리그가 발간하는 잡지에 기자가 '공인된' 글을 써주고 받는 대가이다. 때로는 NBA의 특정 팀 기록원(공식기록원)official scorer을 챙겨주고 35달러를 받기도 했는데 대학리그 경기는 25달러가 공정가였다. 이 밖에도 취재원과 정보를 얻는다는 명목하에 구단과 지나치게 유착하거나, 특정 선수를 보호하기 위해 팬을 호도하려는 시도 등 스포츠 기자와 윤리적 문제는 매우 오래된 과제이다. 미국 사회와 마찬가지로 우리 사회도 많이 발전하였고, 과거의 관행이 이제는 더 이상 작동하지 않는 경우도 많다. 그러나 우리는 그로부터 얼마나 떨어져 있을까. 그에 대한 판단은 사람에 따라 많이 다를 수 있다.

스포츠 기자의 불문율unwritten rules

스포츠 기자와 스포츠 팬은 다르다. 팬은 결코 기자를 이해할 수 없으며, 취재 현장에서 기자의 행동은 달라야 한다. 그러나 명시적으로 '스포츠 기자는 이러이러한 행동을 해야 한다.'는 법칙은 없다. 또 아무도 이야기해 주지 않는다. 그저 기자실이나 다른 취재 현장에서 몸으로 겪으며 하나하나 알아갈 뿐이다. 예를 들어 보자. 기자실 한 구석에서 누군가 '엄청난 포스'를 풍기며 말없이 기사를 쓰고 있다. 반경 2미터의 쉴드shield가 느껴진다. 이쯤

되면 무슨 내용을 쓰는지 궁금할 것이다. 아니다. 시간이 지날수록 슬슬 불안해지기 시작한다. '무엇을 쓰고 있는 거지?', '누구를 만나 무슨 이야기를 들었지?', '나중에 데스크가 난리 치는 거 아냐?' 꼬리에 꼬리를 물고 이어지는 불안은 당신의 영혼을 잠식한다. 그러나 기자실 안에서는 그의 옆자리로 옮겨가 노트북을 훔쳐보는 행위는 결코 일어나지 않는다. 아침부터 있었던 그의 동선을 생각하고 누구와 점심을 먹었는지 추리하는 것부터 시작한다. 확실히 기자와 탐정은 비슷한 부분이 있다.

라이날디와 완타(Reinardy & Wanta, 2009)는 스포츠 기자가 지켜야 할 30가지 불문율을 소개하였다. 전문적인 취재 역량을 갖춘 기자로서 지켜야 할 불문율은 다음과 같다.

표 6-1 스포츠 기자가 지켜야 할 불문율 30가지

1	기자실에서 응원하지 마라.	당신은 팬이 아니라 기자이다.
2	선수에게 사인을 요청하지 마라.	어떤 선수를 취재하든 사인을 요청한다면 당신이 더 이상 스포츠 기자가 아님을 고백하는 것이다.
3	적절한 복장을 갖춰라.	전문적으로 취재하는 기자임을 보여줄 필요가 있다. 솔직히 당신도 종종 상대를 복장으로 평가하지 않는가?
4	승패의 결과에 행복한지, 슬픈지 물어보지 마라.	너무나 당연한 것 아닌가? 누구나 이기면 행복하고 지면 슬퍼한다.

5	감독이나 선수를 부를 때는 언제나 예우를 갖춰라.	(상대도 인정할 만큼 서로 막역한 사이라면 모를까) 상대의 직함을 사용해 부르는 것이 좋다. 선수의 경우도 마찬가지이다.
6	녹음을 하더라도 반드시 필기하라.	기사를 쓸 때 종종 녹음이 안 된 경우를 발견할 때가 있다. 그때는 언제나 확인이 가장 필요한 순간이다.
7	인터넷에 떠도는 말을 주의하라.	인터넷에 올리기 적당한 것과 보도하기 좋은 내용은 언제나 다르다.
8	두꺼운 얼굴을 가져라.	기자는 남을 불편하게 하는 글을 써야 한다. 모두가 즐거운 기사만을 쓸 수는 없다.
9	선수와 감독은 당신의 친구가 아님을 명심하라.	그들과 어떠한 친분관계를 갖고 있든, 써야 할 때는 반드시 써야 한다. 절대로 그들이 느낄 불쾌함에 압도되어서는 안 된다.
10	경쟁사 기자는 적도 아니지만 당신의 친구도 아니다.	맥주를 마실 수도 있고 함께 게임을 할 수도 있다. 그러나 기사를 쓸 때는 곧 '전쟁의 서막'이 오르는 순간이다. 술 취해서 당신만이 아는 비밀을 알려주지 마라.
11	취재하는 경기에 베팅을 하지 마라.	글쎄, 한국과 일본이 경기한다면 모르겠다. 옆자리 일본 기자와 가벼운 저녁 내기라면 가능할 수도 있겠다. 그러나 절대로 베팅을 해서는 안 된다.
12	(여기자라면) 지나치게 노출이 심한 복장은 하지 않는 게 좋다.	전문가로서 대우를 받기 어려울 수 있다.
13	권위에 주눅들 필요는 없지만 베테랑 기자에 대한 존중심은 가져야 한다.	팀을 전담하는 기자나 베테랑 기자는 취재석을 배정받을 때 우선권을 받는다. 사소한 것에 불평할 필요는 없다.

14	남의 인터뷰에 끼어들지 마라.	다른 기자가 인터뷰할 때 자연스럽게 참가해 옆에서 듣는 것은 상관없다. 그러나 방해해서는 안 된다. 그의 질문에 당신의 질문을 끼워넣는 행위는 무례한 것이다. 도와주되 방해하지 말라.
15	마감시간이 가까우면 기꺼이 인터뷰 내용을 공유하라.	감독이나 선수는 똑같은 질문에 두 번씩 대답하는 것을 매우 싫어 한다.
16	기자실에서는 게으름뱅이로 있지 마라.	당신의 자료와 쓰레기는 스스로 치워라.
17	마감시간이 가까우면 중요한 질문만 하라.	당신의 궁금증을 채우기 위해 다른 기자의 마감시간을 갉아먹는 것은 폭력이다.
18	기자실 스태프에게 지나치게 의존하지 마라.	일일이 도움을 요청하기 전에도 스스로 알아낼 수 있는 내용은 많다.
19	모든 것을 다 안다고 과신하지 마라.	기자실에서 그날그날 제공되는 자료를 읽다 보면 당신이 미처 깨닫지 못한 주옥 같은 내용이 있을 수 있다.
20	인터뷰 대상자의 면전에 녹음기를 들이밀지 마라.	자신의 입 가까이에 녹음기가 있으면 누구든지 불안하거나 불쾌할 것이다.
21	인터뷰는 때를 잘 가려야 한다.	식사 중인 선수와 인터뷰한다면 좋은 인상을 주기도 어렵지만 제대로 된 인터뷰를 하기도 어렵다.
22	인터뷰는 장소도 잘 가려야 한다.	허락을 받지 않으면 트레이닝실에 들어가지 않는 게 좋다. 사적인 공간을 침범당했다고 느낄 것이다.
23	취재를 위해 먼 곳으로 여행해야 할 때는 잘 쉬는 것이 중요하다.	가보지 못했던 도시를 방문하면 흥분될 수 있고, 취재 첫날밤에 가벼운 음주를 할 수도 있다. 대회 내내 페이스를 잘 지켜야 하는 것은 선수만이 아니다.

24	언제나 기사를 어떻게 보낼 수 있는지를 먼저 확인하라.	마감시간까지 기다렸다가는 '불 맞은 곰'처럼 허둥대기 쉽다.
25	경기 시작 전에는 반드시 경기가 끝난 후 어디에서 인터뷰를 할 수 있는지 확인하라.	경기가 끝난 직후의 기자실은 '혼돈' 그 자체임을 명심하라.
26	언제나 고참 기자로부터 배울 준비가 되어 있어야 한다.	그들의 두뇌와 경험은 당신이 반드시 가져야 할, 그러나 아직은 갖추지 못한 소중한 자산이다. 지나치게 자신만만하거나 의기양양한 젊은 기자는 종종 실수하기 마련이다.
27	친절하게 악수하라.	누구를 대상으로 하든, 따뜻한 미소와 신뢰감 있는 악수를 잊지 마라.
28	경기 전에는 그날의 선발 투수를 인터뷰하지 마라.	경기 전에'만' 그렇다.
29	유연하게 대처하라.	프로선수와 학생선수를 대하는 취재 기자의 태도는 달라야 한다.
30	라커룸(locker room)에서 다른 선수들을 엿보지 마라.	늘 아이 콘택트(eye contact)를 유지하는 것이 좋다. 아니면 자신의 노트북이나 취재 수첩을 쳐다보는 것이 좋다. 누구나 나 이외의 누군가를 훔쳐보고 있다는 느낌이 들면 부정적인 기억을 갖기 마련이고, 이는 생각보다 꽤 오래 간다.

Associated Press Sports Editors APSE Ethics Guidelines

뉴스통신사 AP Associated Press의 '스포츠 기자 윤리가이드라인'은 단순히 특정 회사의 내부 윤리지침이라기보다는 일반적으로 다른 미디어들도 지켜야 할 가이드라인으로 받아들이고 있는 것이 사실이다. 한국의 상황과 다르기는 하지만 그 내용은 충분히 읽어볼 만한 가치가 있다.

APSE Ethics Guidelines

1. The newspaper pays its staffer's way for travel, accommodations, food and drink.
   a. If a staffer travels on a chartered team plane, the newspaper should insist on bring billed. If the team cannot issue a bill, the amount can be calculated by estimating the cost of a similar flight on a commercial airline.
   b. When services are provided to a newspaper by a pro or college team, those teams should be reimbursed by the newspaper. This includes providing telephone, typewriter or fax service.
2. Editors and reporters should avoid taking part in outside activities or employment that might create conflict of interest or even appearance of a conflict.

a. They should not serve as an official scorer at baseball games.
b. They should not write for team or league media guides or other team or league publications. This has the potential of compromising a reporter's disinterested observations.
c. Staffers who appear on radio or television should understand that their first loyalty is to the paper.

3. Writers and writers' groups should adhere to APME and APSE standards: No deals, discounts or gifts except those of insignificant value or those available to the public.
   a. If a gift is impossible or impractical to return, donate a gift to charity.
   b. Do not accept free memberships or reduced fees for memberships. Do not accept gratis use of facilities, such as golf courses or tennis courts, unless it is used as part of doing a story for the newspaper.
   c. Sports editors should be aware of standards of conduct of groups and professional associations to which their writers belong and the ethical standards to which those groups adhere, including areas such as corporate sponsorship from news sources it covers.

4. A newspaper should not accept free tickets, although press credentials needed for coverage and coordination are acceptable.

5. A newspaper should carefully consider the implications of voting for all awards and all-star teams and decide if such voting creates a conflict of interest.

6. A newspaper's own ethical guidelines should be followed, and editors and reporters should be aware of standards acceptable for use of unnamed sources and verification of information obtained other than from primary news sources.
   a. Sharing and pooling of notes and quotes should be discouraged. If a reporter uses quotes gained secondhand, that should be made known to the readers. A quote could be attributed to a newspaper or to another reporter.

7. Assignments should be made on merit, without regard for race or gender.

Guidelines can't cover everything. Use common sense and good judgment in applying these guidelines in adopting local codes.

출처: https://accountablejournalism.org/ethics-codes/associated-press-sports-editors-apse-ethics-guidelines

코너스툴 (corner stool) _07

복서는 한 라운드가 끝나면 자신의 코너로 돌아가 다음 라운드를 준비한다. 가쁜 숨을 몰아쉬면서도 전 라운드의 문제점을 파악하고, 다음 라운드의 전략을 구상한다. 스포츠 기자는 매일 일어난 스포츠 현상을 다뤄야 한다. 이들 현상이 일어난 맥락을 정확하게 파악해야 하고, 독자를 위해 이를 설명한다. 한국스포츠미디어학회 어워드를 수상한 기사, 스포츠와 과학을 접목한 기사, 독자의 흡인력을 빨아들인 기사, 그리고 해외 사례로 걸출한 스타에 대해 쓴 피처 기사를 통해 이를 살펴보자.

스포츠 기자의 역할: 맥락과 설명

2016년 브라질 올림픽을 앞두고 '누가 대회에 출전할 것인가' 하는 문제는 많은 사람들의 관심을 끌었다. 예년의 올림픽과 달리 브라질은 치안 문제와 함께 수질과 대기 등 환경오염, 테러 위협 등의 문제를 갖고 있어 일부 선수들은 출전에 소극적이었다. 특히 소두증(小頭症)을 유발하는 지카 바이러스Zika virus와 관련해 선수들은 예민하게 반응하였다. 이는 112년 만에 정식으로 올림픽에 채택된 골프 종목에서 불거져 나왔다. 올림픽을 주관하는 IOC(International Olympic Committee, 국제올림픽위원회)는 최고의 경기력을 보여줄 수 있느냐가 최고의 관심사였기 때문에 프로의 참가를 독려해 왔지만 여러 명의 유명 프로골퍼들이 불참을 선언하였다. 아담 스콧(Adam Derek Scott, 호주)을 비롯해 비제이 싱(Vijay Singh, 피지), 루이스 우스투이젠(Louis Oosthuizen, 남아프리카 공화국), 찰 슈워젤(Charl Schwartzel, 남아프리카 공화국) 등이 불참을 선언했고, 로리 매킬로이(Rory Mcilroy, 북아일랜드)는 "올림픽 골프를 볼 일은 없을 것"이라고 선언하기도 했다. 상위 랭커들이 잇달아 경기를 포기함에 따라 출전하게 된 미국 대표팀의 매트 쿠차Matt Kuchar는 72홀 스트로크 플레이로 열리는 경기방식조차 몰라 빈축을 사기도 했다. 결국 당시 세계랭킹 기준으로 1~4위인 제이슨 데이(Jason Day, 호주), 더스틴 존슨(Dustin Johnson, 미국), 조던 스피스(Jordan Spieth, 미국)와 매킬로이가 모두 불참을 선언하였다. 한국도 김경태가 불참을 선언하였다. 물론 테니스, 사이클 등 다른 종목의 선수들 중에서도 많은 선수들이 출전을 포기하였다. 반면에 한국 여자 골프선수들은 세계랭킹에 따라 박인비, 김세영, 양희영, 전현지가 출전했는데 순위에 따라 나갈 수 있는 선수가 모두 포기하지 않았다. 자, 그러면 여기서 스포츠 기자들은 "왜 남자는 출전을 포기하는 선수가 많은데 여자는 대부분 출전했는가?"라는 질문에 답을 하기 마련이다. 이 같은 문제는 독자의 궁금증이기도 하고 기자들도 그에 대한 답이 궁금할 것이다. 이에 대해 이틀 간격으로 한국의 스포츠 기자들은 답을 찾아봤다. 취재와 분석을 통해 나름대로 설명을 시도하였다. 우선 다음의 기사를 보자.

"리우 안 가는 男골퍼들, 실은 돈 때문이야"

〈조선일보〉, 2016. 7. 13.

[女골퍼 스테이시 루이스 맹비난]

스피스도 불참, 세계 1~4위 빠져… 지카 공포 더 큰 여자들은 출전

"남자들은 실익 적어 잇단 포기"

왜 남자 골퍼들은 '올림픽 탈출'을 시도할까. 남자 골프 세계랭킹 3위 조던 스피스(미국)가 12일 리우올림픽 불참을 선언했다.

국제골프연맹(IGF) 피터 도슨 회장은 "스피스가 건강상 걱정(지카 위험) 등의 이유를 들어 올림픽에 나오지 않겠다는 의사를 전달했다"고 밝혔다.

이로써 리우올림픽 남자 골프에는 세계 1위 제이슨 데이(호주), 2위 더스틴 존슨(미국), 3위 스피스, 4위 로리 매킬로이(북아일랜드) 등 '빅4'가 모두 나오지 않게 됐다. 이제까지 출전 자격을 갖춘 남자 골프 선수 가운데 출전 포기자가 18명이다. 세계 15위 이내 선수 중에서는 절반 가까운 7명이 빠진다. 리우올림픽 28개 종목 중 유례를 찾아보기 어려운 현상이다.

지카 위험을 더 느낄 법한 여자 골퍼 중에서는 리앤 페이스(남아공) 한 명만 불참을 선언한 상태다. 한국도 재활 중인 박인비는 가겠다고 하고, 김경태는 지카 위험을 들어 포기했다.

미국 여자 골프 대표로 나서는 스테이시 루이스는 이날 "결국 남자 골퍼들은 돈 때문에 올림픽을 포기하는 것"이라고 쏘아붙였다.

올림픽이 끝나고 8월 말부터 열리는 미국 프로골프(PGA) 투어 플레이오프 페덱스컵 4개 대회에는 각 대회 우승 상금과 별도로 1000만달러의 엄청난 보너스가 걸려 있다. 상금 등 별다른 실익이 없는 올림픽에 나가 힘을 빼느니 실속만 차리려 한다는 비판이다.

루이스는 "남자 골퍼들은 부와 명예가 보장된 현재 시스템에 길들어 있다. 반면 우리(여자 골프)는 올림픽을 통해 좀 더 주목받고 싶기 때문에 다르다"고 했다. LPGA 투어의 우승 상금은 보통 30만달러, PGA 투어는 100만달러 안팎이고 대회 수도 남자가 훨씬 많다.

여자의 경우 국가대표에 대한 생각이 남다른 한국 선수들의 뜨거운 출전 경쟁이 자극이 됐다는 설명도 나온다. 박인비는 "지카 때문에 올림픽 안 간다는 생각은 해본 적도 없다"고 했다. 골프가 개인전만 열리기 때문에 선수들이 큰 부담 없이 포기를 선언한 것이라는 분석도 있다.

최경주는 "단체전이 열렸다면 개인적인 이유로 빠지기 어려웠을 것"이라고 했다. 골프닷컴은 "스타 선수인 애덤 스콧(호주)이 올해 일찌감치 불참을 선언하자 내심 올림픽을 별로라고 생각하던 선수들이 줄줄이 불참을 선언한 것으로 보인다"는 '깨진 유리창' 이론을 폈다.

이래저래 '괘씸죄'로 찍힌 골프가 내년 IOC(국제올림픽위원회)의 종목 잔류 여부 투표에서 살아남기 어려울 것이라는 관측이 나오고 있다. 112년 만에 올림픽에 복귀한 골프는 2020년 도쿄올림픽까지 정식 종목이고 그 이후는 투표를 통해 결정된다.

출처: http://news.chosun.com/site/data/html_dir/2016/07/13/2016071300192.html

어떤가? 외신을 통해 전달된 인터뷰 등을 동원해 독자들에게 '돈'이 올림픽 불참의 주요 요인이었다고 설명하고 있다. 과연 이유는 그 한 가지뿐일까? 그럴 수도 있고 아닐 수도 있다. 외신 기자는 그렇게 판단했고 언뜻 그럴싸해 보인다. 그러나 왠지 아쉽다. 이보다 하루 앞서 나온 다음의 기사를 살펴보자.

올림픽 가? 말어? 남녀 골퍼 입장차이

〈중앙일보〉, 2016. 7. 12.

한국의 김경태가 지카 바이러스를 이유로 리우 올림픽 불참을 선언했다. 손가락 부상 중인 박인비가 올림픽에 가겠다고 발표한 지 몇 시간이 지나서다. 출산 때문에 지카 바이러스에 훨씬 더 큰 영향을 받는 여자 선수들은 다들 리우에 가는데 위험이 상대적으로 적은 남자 선수들이 불참하는 게 이상하게 보일 것이다.

김경태 뿐 아니다. 남자 골프 랭킹 1위 제이슨 데이, 2위 더스틴 존슨, 3위 조던 스피스, 4위 로리 매킬로이가 모두 올림픽에 안 간다. 112년 만에 복귀하는 올림픽에서 남자 골프 핵심은 다 빠졌고 랭킹 10위 이내 중 가겠다는 선수는 절반도 안 된다.

남아공과 호주는 상위 3명이 모두 빠졌다. 남아공 올림픽 감독인 80세의 개리 플레이어는 "이러다가 내가 올림픽 선수로 나가야 할 판"이라고 농담 섞인 넋두리를 할 정도다. 올림픽이 열리는 남미 대륙이라 지카 바이러스에 익숙할만한 콜롬비아 출신인 카멜로 비제이가스 조차 불참한다.

골프 이외 다른 종목에도 지카 바이러스 등을 이유로 불참을 선언한 선수들이 몇몇 있기는 하다. 그러나 남자 골프는 그들을 모두 합친 것 보다 많다. 거의 보이콧 수준이다.

여자 골프는 완전 반대다. 여러 선수가 기형아를 낳을 우려가 있다는 바이러스 때문에 심각하게 고민을 했다. 그러나 12일까지 불참 여성 골퍼는 남아공의 리-앤 페이스 한 명 뿐이나. 세계랭킹 1위 리디아 고는 올림픽이 매우 기대된다고 했고 파라과이 출신의 여성 골퍼 훌리에타 그라나다는 자국 선수단의 기수를 맡는다.

남자 선수 중에서 올림픽에 커다란 무게를 두는 선수가 있기는 하다. 남아공의 야코 반 질은 올림픽에 잘 대비하기 위해서 라면서 메이저대회 디 오픈과 PGA 챔피언십에 불참을 택했다.

그래도 올림픽을 대하는 양쪽의 분위기는 너무나 다르다. 화성 남자, 금성 여자 수순이나.

일부 여성 선수들은 올림픽에 불참하는 남성 골퍼들에게 돌을 던지고 있다. 스테이시 루이스는 “남자 선수들의 대거 불참으로 골프가 올림픽 종목에서 빠지게 된다면 치욕이 될 것”이라고 했다. 골프는 한시적 올림픽 종목이다. 2020년까지 열리기로 되어 있고 하는 거 봐서 지속될지 결정된다.

루이스는 남성 골퍼들의 돈 욕심이 문제라고 봤다. 루이스는 “그들은 돈이 아주 많다. 가끔 그 속에서 길을 잃을 때가 있다. 그런다고 비난할 수만은 없다. 그렇게 길러졌기 때문이다. 시즌 우승 보너스가 1000만 달러나 걸렸다면 나도 올림픽 출전에 대해 다르게 생각했을 것"이라고 말했다.

그러나 정상급 남성 골퍼들이 꼭 돈 때문에 움직이는 것은 아니다. 남자 선수들은 라이더컵과 프레지던츠컵에 돈 한 푼 안 받고 나간다. 대부분의 유럽 선수들과 일부 미국 선수들은 우승상금 120만 달러(약 14억 원)를 받는 일반 대회 우승 보다 라이더컵에 나가는 것을 훨씬 더 큰 명예로 여긴다.

아담 스콧은 지카 바이러스 이전부터 올림픽에 안 간다고 했다. 기자는 돈 때문이라고 생각하지는 않는다. 스콧은 "메이저 1승을 일반 대회 5승과 바꾸지 않겠다"고 한 적이 있다. 상금으로 보면 일반대회 5승은 약 600만 달러이고 메이저 1승은 200만 달러 이하다. 정상급 골퍼들은 돈이 아니라 메이저 대회를 위해 길러진 것이다.

그들은 골퍼의 천국이라는 마스터스에서, 대자연의 폭풍을 만나는 디 오픈에서, 한 여름 전쟁 같은 경쟁이 펼쳐지는 US오픈에서 최고가 되는 꿈을 꾸며 살아온 선수들이다. 실제로 골프 메이저대회인 디 오픈(1860년 시작), US오픈(1895년)은 근대 올림픽(1896년)보다 오래됐다.

조던 스피스는 코카콜라, 제이슨 데이와 더스틴 존슨은 아디다스와 후원계약을 맺고 있다. 코카콜라와 아디다스는 올림픽 스폰서다. 그들이 올림픽에 나갔다면 상당한 금전적 보상을 받았을 것이다. 올림픽에 불참함으로써 그 기회를 버렸다.

리디아 고는 "내가 세계 최고의 운동선수들과 함께 할 수 있는 것은 큰 영광"이라고 했다. 조던 스피스는 "나는 다른 운동선수들처럼 평생 올림픽을 위해 내 몸을 만들지 않았다"고 했다.

중국의 여자 선수 펑샨샨은 "올림픽 금메달을 메이저 2승과 바꾸지 않을 것이다. 올림픽은 4년에 한 번 있고 메이저는 4년에 20번이 있기 때문이다"라고 했다. 정상급 남자 선수들은 메이저 우승컵 하나를 올림픽 금메달 2개와 바꾸자고 해도 넙죽 받지 않을 것이다. 올림픽 금메달이 희소성이 있지만 희귀하다고 반드시 소중한 것은 아니다. 그들의 심장은 메이저를 위해 만들어졌다.

여자 골프는 올림픽이 꼭 필요하다고 믿는다. 펑샨샨은 "LPGA가 아직도 합당한 인기를 얻지 못하고 있다. TV에 더 많이 나와야 한다. 올림픽에 나간다면 아주 좋은 기회가 될 것"이라고 말했다. 반면 남자 골프는 그 동안 올림픽 없이도 잘 지내왔다.

LPGA 투어는 올림픽 대회 기간을 포함 3주간 대회를 열지 않는다. 반면 PGA 투어는 올림픽 기간 중에도 대회가 열린다. 메이저리그는 올림픽 기간 중 대회를 열었고 미국 아이스하키는 올림픽 기간 중 리그를 중단했다. 올림픽을 바라보는 시각 차이다.

결론적으로 올림픽에 대한 인식은 남녀 골퍼가 완전히 다르다. 누가 맞고 누가 틀리고가 아니라 그냥 그 집단의 생각이다.

적어도 최정상급 남자 선수들이 애국심이 부족하거나 돈이 걸리지 않아서 올림픽에 불참하는 것은 아닌 건 같다. 가족의 위험을 감수하면서까지 나가고 싶은 대회는 아니라고 생각하는 것이다. 이번 집단 불출전은 올림픽이 아니라 리우라는 위험한 도시를 보이콧하는 것으로 볼 수 있다. 2020년 도쿄올림픽에는 엘리트 남자 선수들이 참가할 것이고 올림픽과 골프는 잘 지낼 것이다.

출처: http://jtbcgolf.joins.com/news/news_view.asp?ns1=29809

골프라는 종목과 올림픽이 갖는 의미, 그리고 선수들의 심리에 대한 다층적인 분석이 곁들여졌고 맥락에 대한 해석과 설명이 보다 앞의 기사보다 더 신빙성을 갖는다. 물론 무엇이 맞고 틀리는지는 여전히 알 수 없다. 선수의 플레이에 정답은 없다. 스포츠 기자의 기사도 마찬가지이다. 기자 또한 선수와 마찬가지로 최선의 설명을 찾을 뿐이고 그 결과물을 내놓을 뿐이다. 이 기사가 출고된 그다음 날 오후, 석간신문에 보도된 기사를 보자.

매킬로이 "골프선수 도핑검사 허술"… 골프계 발칵

〈문화일보〉, 2016. 7. 13.

브리티시오픈 내일 티오프

"올 딱 한번 소변검사만 받아 타 종목 비해 형편없는 수준 올림픽 골프중계 안 볼 수도"

톱랭커들 올림픽 대거 불참 "적발될까봐…" 의혹 불 지펴 외신 "정식종목 노력에 찬물"

남자골프 세계랭킹 4위인 로리 매킬로이(27 · 북아일랜드)로 인해 골프계가 발칵 뒤집어졌다. 매킬로이가 골프 도핑 테스트가 허술하다고 지적했기 때문이다. 남자골프 톱 랭커들이 2016 리우데자네이루올림픽에 대거 불참하는 이유가 도핑 검사에서 적발될 지도 모른다는 우려 때문이라는 분석이 나오고 있는 가운데 매킬로이가 불을 지폈다.

매킬로이는 13일 오전(한국시간) 스코틀랜드 사우스 아이셔의 로열 트룬 골프클럽에서 열린 브리티시오픈 기자회견에서 "다른 종목에 비해 골프의 도핑 시스템은 형편없는 수준"이라고 밝혔다.

매킬로이는 "올해 딱 한 번 도핑 검사를 받았는데, 소변 검사였다"며 "소변 검사로는 성장호르몬을 적발할 수 없다"고 설명했다. 매킬로이는 또 "내가 성장호르몬을 사용했다고 하더라도 아무렇지 않게 넘어갈 수 있다"고 주장했다.

골프에 도핑 테스트가 도입된 건 2008년이다. 하지만 다른 종목에 비해 도핑 검사가 소극적이고, 특히 스타 선수에게 관대하다는 비판이 꾸준히 제기돼 왔다.

골프는 또 미국 프로야구 메이저리그 등 다른 프로 종목과 달리 소변 검사만 할 뿐 혈액 검사는 하지 않고 있다.

세계반도핑기구(WADA)는 최근 발표한 보고서에서 2014년 골프 선수를 대상으로 507차례 도핑 검사를 실시했고, 이 가운데 8건의 양성반응을 확인했다고 밝혔다. 반면 메이저리그는 연간 2만 회가 넘는 도핑 검사를 진행한다.

매킬로이는 "골프 선수는 평균적으로 1년에 4~5회 도핑 검사를 받는다"며 "다른 올림픽 종목에 비해 무척 적은 횟수"라고 말했다.

남자부 톱 랭커들의 외면으로 골프가 올림픽에서 퇴출당할 수 있다는 우려가 커지는 상황에서 나온 매킬로이의 발언은 '불난 집에 부채질'을 한 것과 같다. 남자골프 세계랭킹 1~4위인 제이슨 데이(29 · 호주), 더스틴 존슨(32), 조던 스피스(23 · 이상 미국), 매킬로이를 비롯해 세계 30위 이내 선수 중 20명이 리우올림픽에 출전하지 않는다.

지카 바이러스, 불안한 치안 등을 불참 이유로 내세우지만 곱지 않은 시선이 쏠리고 있다. 올림픽에선 보다 엄격한 도핑 테스트가 이뤄지기에 금지약물 복용이 드러날 수 있고, 또 올림픽 직후 빅 매치가 열려 리우행을 포기하는 것 아니냐는 의

혹이 꼬리를 물고 있다. 미국 여자대표로 리우올림픽에 출전하는 스테이시 루이스(31)는 "남자 골프 선수들은 돈 때문에 올림픽을 포기하는 것"이라고 비난했다. 리우올림픽 직후 열리는 페덱스컵 4개 대회엔 우승 상금 외에 1000만 달러의 보너스가 걸려 있다.

매킬로이는 또 "올림픽 중계방송을 시청하겠지만, 골프를 보게 될 지는 잘 모르겠다"고 밝혔다. 골프 선수가 골프에 대한 애정이 없다는 뜻으로도 비춰질 수 있다.

AFP통신 등 외신들은 "매킬로이의 발언은 2020 도쿄올림픽 이후에도 올림픽 정식 종목에 남으려는 골프계의 노력에 도움이 되지 않을 것"이라고 꼬집었다. 골프는 112년 만에 올림픽 정식 종목으로 돌아왔지만, 2020년 이후 올림픽 정식 종목으로 남으려면 2017년 열리는 IOC 총회 투표를 통과해야 한다.

한편 스피스는 "올림픽 불참에 대한 비난을 이해한다"며 "앞으로 기회가 된다면 미국 국가대표로 다음 올림픽에 4~5회 참가하고 싶다"고 밝혔다. 스피스는 "건강상의 이유로 불참을 결정했다"고 말했지만, 구체적인 불참 사유를 거론하지 않았다.

출처: http://www.munhwa.com/news/view.html?no=2016071301072330120001

이 기사는 앞의 두 기사와 다른 내용을 담고 있다. 바로 도핑doping이다. 올림픽에 앞서 열린 브리티시 오픈The British Open 공식 기자회견을 통해 밝혀진 로리 매킬로이의 생각을 전하며 또 하나의 설명을 시도하고 있다. 기자회견이 기사의 방향을 전하는 데 좋은 정보가 되었다.

여전히 우리는 남자 골퍼들이 왜 올림픽에 불참하려 했는지 정확히 알 수 없다. 아무도 직접적으로 마음을 표현하지 않았기 때문이다. 그러나 선수들의 말과 암시를 전달한 기사를 통해 아쉬운 대로 짐작할 수 있다. 스포츠 기자는 질문을 해야 한다. 그리고 우리에게 설명을 해야 한다. 이 기사(자)들은 나름대로 그 역할을 수행하였다.

스포츠 기사: 몇 개의 사례들

1. 한국스포츠미디어학회 어워드 수상: 윔블던 러브

윔블던으로 불리는 '더 챔피언십The Championships'은 테니스를 사랑하는 팬뿐만 아니라 담당 기자에게도 현장에서 지켜보는 것이 꿈이다. 제133회 대회를 현장에서 취재한 기자는 2019년 한국스포츠미디어학회 취재기자 부문을 수상하였다. 전 세계 1,000여 명의 취재 신청자 중 50여 명에게만 취재가 허락되었고, 총 9회에 걸친 기획 기사를 작성하였다.

선수는 흰옷, 관중은 정자세... '테니스의 대성당' 윔블던

〈조선일보〉, 2019. 7. 9.

미사 집전하는 것처럼 수많은 법도 지키는 전통

윔블던은 영국 런던 도심에서 템스강 건너 남서쪽으로 11㎞ 가량 떨어진 동네 이름이다. 1877년 처음 시작해 올해로 133회를 맞이한 이 테니스 대회의 공식 이름은 더 챔피언십(The Championships). '윔블던에서 열리는 챔피언십' 줄임말이 우리가 아는 '윔블던'이 된다(참고로 경기장과 가까운 지하철은 윔블던파크역이 아니라 사우스필즈역). 프랑스오픈이나 호주오픈처럼 국가명을 대회 이름으로 쓰지 않고 오직 정관사(The)만 붙인 것부터 영국인들의 자부심이 드러난다. 복수형(-s)은 남녀 단식과 복식을 포함해 총 15개 종목 챔피언을 가린다는 의미다.

윔블던은 '테니스의 대성당'이다. 매일 잔디 코트 18곳에서 테니스라는 종교를 위한 미사가 아침부터 해 질 녘까지 집전된다. 미사에는 지켜야 할 법도가 많다. 선수는 흰옷만 입고, 경기장 안엔 간판이 없다. 전광판에는 오직 선수 이름(국적 표시도 없다)과 시간, 그리고 세트 · 게임 · 포인트 점수만 뜬다. 잔디 코트로 향해야 할 시선을 분산시키는 그 어떤 것도 용납 안 한다.

관중석 사이엔 베이지색 제복을 입은 소방관이 있다. 다리를 꼬고 앉거나 앞좌석에 발 올린 사람, 양산 펴서 뒷줄 시야를 가린 사람, 음료수 캔을 난간에 두는 사람 등 이들이 보기에 '자세 불량'인 관중을 잡는 게 임무다. 대신 무더위에 누가 쓰러질 기색이면 달려와 응급조치를 한다.

심판은 크림색 긴바지와 파란 긴소매 셔츠만 입는다. "덥다고 소매를 걷어선 안 되고, 경기 중엔 물도 못 마셔요." 윔블던 자원봉사 20년 경력인 헤더씨가 설명했다. 관중도 복장 에티켓이 있다. 부잣집 다과회에 초청받은 것처럼 다들 차려입고 온다. 10분만 밖에 있어도 살갗이 불타는 여름 땡볕인데, 재킷까지 걸친 사람들이 흔하다.

볼 퍼슨(ball person)은 미사 집전을 거드는 복사(服事)들이다. 오전 9시 반 센터코트 앞에 가면 볼 퍼슨들이 열중쉬어 자세로 일렬로 대기한다. 여학생은 양 갈래 머리, 남학생은 짧게 깎은 머리에 제식 행렬하는 군인들처럼 걷는다. 볼 퍼슨은 영국 청소년들이 선망하는 꿈이다. 조직위원회가 엄선한 영국 중 · 고교에서 만 15세 이상 학생 1000여명이 지원해 그중 250명만 뽑히고, 대회를 앞둔 5개월간 '존재하지 않기 위해 존재하는' 법을 배운다. 투명인간처럼 선수 옆에 서서 공과 수건을 무표정으로 내밀지만 가끔은 얼굴에 말풍선이 떠다닌다. "우와 진짜 조코비치네."

변하지 않는 것이 윔블던의 전통이다. 온라인 시대인데도 취재 신청을 수기(手記)로 받고, 허가 서류는 우편으로 3개월 뒤에 왔다. 경기장 네트 높이는 줄자 대신 옛날 나무 자로 재고, 입장객 수 측정은 QR 코드가 아니라 사람이 계수기로 센다. 윔블던의 명물인 생크림을 얹은 딸기는 별로 달지도 않은데 전통이라는 이유로 28t이나 팔려나간다.

조금씩 변하는 것도 있다. 윔블던은 올해부터 여자 선수 이름 앞에 결혼 여부를 따지는 '미스(Miss)'나 '미시즈(Mrs.)' 호칭을 안 붙인다. 남녀 상금 차별도 12년 전 (4대 그랜드슬램 중 가장 마지막으로) 없앴다. 윔블던 홍보 담당관은 "전통도 시대에 맞게 바뀌어야 한다"고 했다.

백인들의 대회로 시작한 윔블던은 이제 흑인 심판과 중국계 볼 퍼슨, 인도계 소방관, 70여국 선수와 코치, 그리고 테니스를 사랑하는 세계인을 위한 장소로 변했다. 라켓 두 개와 공 하나로 드린 8일 미사에선 8강행 티켓 주인공들이 정해졌다.

출처: http://news.chosun.com/site/data/html_dir/2019/07/09/2019070900206.html

2. 스포츠 과학과 스포츠 기사의 만남: '멘붕' 이길 비법 있다

〈동아일보〉 1면에서 4면에 걸쳐 게재된 다음 기사는 스포츠 과학의 성과를 스포츠 기사에 접목한 기사이다. 최고의 선수뿐 아니라 일반인도 스포츠 상황에서 흔히 겪는 '정신적 붕괴' 현상을 기사로 풀어 보고자 했다. 전문가 인터뷰를 통해 논리적으로 자신의 주장을 뒷받침했고, 풍부한 실제 사례로 독자들에게 중간중간 읽기 쉽도록 리듬을 주었다.

스포츠 현장 '멘털 고수'들의 세계

〈동아일보〉, 2013. 11. 16.

≪"마지막 퍼즐을 푼 것 같습니다." 10월 13일 끝난 한국프로골프(KPGA)투어 CJ인비테이셔널에서 우승한 강성훈(26 · 신한금융그룹)의 소감이다. 강성훈은 "다운스윙을 할 때 머리가 뒤로 처지는 현상이 있어 이를 고치면서 기술적인 부분은 거의 완성됐는데 심리적인 면에서 자신감을 회복하지 못했었다. 한국에 돌아와서 심리상담을 받고 해답을 얻었다. 공을 친 뒤에는 더이상 내가 컨트롤할 수 없다는 것을 알고부터 큰 힘을 얻었다"고 말했다. 무슨 뜻이었을까. 스포츠 현장에선 선수가 할 수 있는 것과 없는 게 있다. 골프의 경우 공을 칠 때까지만 선수가 할 수 있고 그 이후는 통제할 수 없다. 스포츠심리학에서 통제할 수 없는 영역을 속칭 '신의 영역'으로 부른다. 신만이 통제 가능하다는 얘기다. 그런데 골퍼들은 자신이 친 공을 홀 컵에 붙이려 한다. 그러다 보면 힘이 들어가게 되고 미스샷으로 이어진다. 주말골퍼라면 무슨 얘긴지 알 것이다. '헤드업 하지 말라'는 결국 '신의 영역을 침범하지 말라'는 뜻과 같다. 스포츠심리학에선 최상의 결과를 내기 위해 '네가 할 수 있는 것만 하라'고 조언한다. 전문용어로 '신만 아는' 결과 목표(Outcome Goal)를 버리고 '내가 할 수 있는' 과정 목표(Process Goal)에 집중하라는 것이다. 선수들이 지나치게 결과에 집착하다 과정이 흐트러져 결국 경기를 망치게 되는 사례가 허다하다.≫

우리의 삶은 스포츠 현장과 비슷하다. 입시, 취업, 승진, 사업 수주…. 고도의 정신집중과 마음관리가 요구되는 경쟁의 고비가 끊임없이 찾아온다.

예부터 선조들은 '정신일도하사불성(精神一到何事不成)' '호랑이에게 물려 가도 정신만 차리면 산다' 등 마음먹기에 따라 상황은 달라질 수 있다고 강조했다. 동서양이 따로 없다. '자신감을 가져라' '하면 된다'는 주장과 외침은 넘쳐난다.

하지만 일반인들은 구체적인 방법을 모르는 경우가 대부분이다. 최근 많은 선수들이 스포츠심리학이란 '신세계'에 들어가 성공적인 결과를 내고 있다. 스포츠심리학적 여러 방법을 통해 '마음먹기에 따라 인생이 달라질 수 있다'는 것을 보여주고 있다. 스포츠심리학의 세계적인 권위자 김병준 인하대 교수(47)는 "스포츠 현장의 경쟁과 압박은 그 강도 면에서 일상 삶보다 훨씬 가혹한 조건에서 이뤄진다. 세계 최고의 선수들이 올림픽 금메달을 놓고 벌이는 경기를 상상해보라. 스포츠심리학은 그런 가공할 '생존경쟁'의 현장에서 검증이 끝난 방법을 제시한다. 일상생활에 적용하기는 쉽다"고 말했다.

잘하는 선수는 이유가 있다

2012년 런던 올림픽 체조 뜀틀 금메달리스트 양학선(21 · 한국체대)은 뜀틀을 넘기 전 '나만 할 수 있다'는 자신감에 차 있다. '나는 다른 선수보다 스피드가 좋으니 무조건 이길 수 있다'는 생각만 떠올리며 뜀틀로 달려간다. "그런 자신감을 유지하는 법을 배웠느냐"고 물었더니 "아니다. 최고가 되면서 자연스럽게 익힌 것이다"라고 말했다. 수많은 실패와 성공을 반복하며 체득해 결정적인 순간에 자연스럽게 자신감이 나온다는 얘기다. 양학선은 "경기 때 좋지 않은 생각을 하면 실패한다. 좋은 생각은 긍정적인 힘을 준다. 무조건 된다는 생각을 하면 결과도 좋다"고 말했다.

스포츠심리학은 잘하는 선수들은 그렇지 못한 선수들과 뭐가 다를까를 분석하다가 나온 학문이다. 공부도 가르쳐주지 않았는데 잘하는 학생이 있듯 우수한 선수들에게는 일정한 특성이 있다. 스포츠심리학은 이를 분석하고 이론화해 기량은 있는데 성적이 떨어진 선수들에게 발전의 기회를 줬다. 이젠 맞춤형으로 선수들의 부족한 부분을 채워 경기력 향상에 도움을 주고 있다. 경영학에선 스포츠 현장의 성공 스토리에 대한 연구를 일찌감치 시작해 기업 경쟁력에 도움을 주고 있다.

신의 영역은 건드리지 말라

미국프로골프(PGA) 2부 투어인 웹닷컴투어에서 활약하고 있는 강성훈은 김병준 교수에게 상담받은 지 5년째다. 그동안 PGA에 진출하기 위해 외국 생활을 하느라 가끔 전화로 상담했는데 KPGA 신한동해오픈 참가차 9월 중순 귀국하며 다시 김 교수를 찾았고 '마지막 퍼즐'을 찾았다.

강성훈은 "사실 전 제가 컨트롤해서 공을 홀 컵 옆에 붙일 수 있다고 생각했어요. 상담받은 뒤 마음을 바꿔 먹었어요. 제가 할 수 있는 것에만 집중하자고요"라고 말했다. 강성훈은 신한동해오픈에서 공동 6위를 했지만 CJ인비테이셔널에서 우승했다. 2010년 유진투자증권오픈에서 우승한 뒤 무려 3년 6개월 만에 맛본 정상이었다. 강성훈은 한국오픈까지 거머쥐어 2주 연속 우승을 이뤘다. 10월 18일 끝난 KYJ투어챔피언십에선 17위에 그쳤지만 강성훈은 '할 수 있는 것만 하자'는 과정 목표의 효과를 온몸으로 익히고 미국으로 돌아갔다. 강성훈은 "생각을 바꾸니 마음이 편해졌다. 우승 욕심을 버리고 내가 할 수 있는 것에만 집중했다. 그러니 우승이 따라왔다"고 말했다.

김 교수는 "과정 목표가 결과에 신경 쓰지 말라는 것은 아니다. 다만 지나치게 결과에 집착하면 플레이가 흐트러지니 현재에 집중해야 한다는 것이다"라고 말했다. 김 교수는 "결과에 대한 집중은 플레이하기 전 홀 컵에 붙이는 기분 좋은 상상(이미지트레이닝)으로 끝내야 한다. 그리고 실제론 홀 컵에 붙이기 위해 할 수 있는 최상의 스윙에만 집중해야 한다"고 말했다.

과정 목표는 조직에도 통용된다. '스틸러스 웨이'를 표방한 프로축구 포항 스틸러스의 성공 스토리를 보자. 우승이란 결과보단 팬들을 즐겁게 하겠다는 과정 목표에 집중해 성공했다. 스틸러스 웨이는 파울 최소화, 플레잉타임(실제 경기시간) 5분 증대, 심판 판정에 항의 금지, 이기는 상황에서도 지속적인 공격 등 5가지였다. 스틸러스 웨이는 선수들을 움직였다. 상대팀에 의해 달라질 수 있는 승리와 패배에는 신경을 쓰지 않았다. 선수들은 자신이 할 수 있는 것에만 집중했고 최고의 페어플레이를 펼치며 2009년 피스컵코리아 우승, K리그 정규리그

2위, 아시아축구연맹(AFC) 챔피언스리그 우승 등으로 그해 AFC 올해의 클럽상을 수상했다. 포항은 올해 14개 팀 중 유일하게 외국인 선수가 없는 가운데서도 줄곧 상위권을 유지했고 현재 K리그 클래식 2위를 달리고 있다.

프로스포츠에서 지나치게 승리에 집착하는 팀들은 오히려 경기력이 떨어져 팬들의 비난을 받는 경우가 자주 일어난다. 승리라는 결과보다 멋진 경기로 팬들을 즐겁게 하겠다는 자세로 신바람을 일으킨 스틸러스 웨이는 프로스포츠가 가야 할 길을 제시했다.

흔들리는 마음은 빨리 잡아라

남자 프로골프 선수 A는 대표적인 '새가슴'이다. 잘나가다가도 어려움에 봉착하면 흔들려 무너졌다. 우승하기 위해 꼭 버디를 해야 할 경우 파나 보기를 하면 그 다음부터 아예 경기를 포기하는 모습을 자주 보였다. 그런데 A는 가슴에 자신만의 '상상 버튼'을 달고 난 뒤부터 달라졌다.

A는 위기 상황이 닥치면 눈을 감고 혼자서 상상 버튼을 눌렀다. 그리고 다시 샷에 집중했다. 그러면서 플레이의 기복이 줄었다. A는 올해 중반 아주 큰 대회에서 정상에 올랐다.

스포츠 현장이나 인생에서 항상 좋은 상황만 이어지진 않는다. 안 좋은 상황이 오게 되는데 그에 대한 준비가 돼 있어야 흔들리지 않는다. 이를 스포츠심리학에서 재집중 혹은 감정 리셋이라고 한다. 프로골프 선수 A는 상상 버튼을 통해 흔들리는 마음을 다잡았던 것이다.

2012년 런던 올림픽 사격 2관왕 진종오(34 · KT)는 무념무상 집중법으로 올림픽 2회 연속 금메달을 적중시켰다.

2004년 아테네 올림픽 남자 권총 50m 결선. 진종오는 본선 1위로 결선에 들어간 뒤 7번째 격발에서 6.9점(만점 10.9점)을 쏘는 어이없는 실수를 저질렀다. 이후 이 한 방에 연연하다 다 잡았던 금메달이 은메달이 됐다. 진종오는 4년 뒤 2008년 베이징 올림픽 때부터는 달랐다. '실수는 잊어라'는 철칙을 세웠기 때문이다. 이후에도 실수는 있었지만 진종오는 흔들리지 않았고 베이징 때 남자 50m 권총에서 금메달을 따고 런던에서 2관왕(10m 공기권총, 50m 권총)에 올랐다.

"실수를 하면 '실수를 했구나' 하고 인정한다. 뭐든 생각하기 나름인데 이렇게 인정하는 게 기록 향상에 도움이 된다는 것을 알았다. 처음에는 '어떻게 실수를 만회할까' '다음 발을 어떻게 쏘지' 등 여러 가지 쓸데없는 생각을 하다가 집중하지 못해 번번이 깨졌다. 아테네에서 실패한 뒤 곰곰이 생각해 봤다. 기술은 세계적인 수준까지 올랐는데 도대체 뭐가 안 되는 것일까. 답은 실수한 뒤 대처를 잘하지 못했다는 것에서 찾았다. 실수를 한 것은 나인데 내가 실수한 사실 자체를 인정하지 않은 게 잘못이었다. 그래서 마음을 고쳐먹었다. 실수하는 순간 '내 잘못이다' 하고 인정하니까 흔들리지 않고 다음 한 방에 집중할 수 있었다."

진종오를 상담했던 김병현 한국체육과학연구원 박사(60 · 스포츠심리학)는 "경기 중 실수를 인정해야 무념 상태가 돼 다음 플레이에 몰입할 수 있다. 인정하지 않으면 계속 신경이 쓰이고 불안해져 평상심을 잃게 된다"고 말했다. 진종오가 쉽게 실수를 인정하게 된 것은 아니다. 마음을 먹었어도 중요한 대회에서 실수가 나오면 또 흔들리는 게 인간이다.

진종오는 "크고 작은 대회 출전 때마다 실수를 인정하고 다음 한 발에 집중하는 훈련을 반복적으로 했다"고 말했다. 진종오는 "런던 올림픽에서도 여러 번의 실수가 있었지만 실수를 인정하는 훈련이 잘돼 있어 극복할 수 있었다"고 말했다.

단체 경기에서 작전타임이 있는 종목 즉 농구나 배구, 핸드볼 등의 경우 상대가 잘나갈 때 작전타임을 불러 흐름을 끊는 경우가 있다. 상대가 다시 경기를 시작할 때 재집중하지 못하게 하려는 계산이 깔려 있는 작전이다. 이를 극복하는 팀은 이기고 그렇지 않고 흔들리면 지게 된다. 자신(팀)만의 플레이에 집중하고 흔들리지 않기 위해선 '루틴(Routine · 흔들리지 않는 자신만의 습관)'을 활용해도 좋다.

실패는 준비 부족 탓으로 돌려라

실업 탁구 선수 B는 경기에서 패할 때마다 '자책'하며 우울증에 가까운 증세를 보였다. '내가 왜 그랬지' '난 역시 능력이 없는가 봐'…. 이미 끝난 일을 두고 고민을 거듭하는 바람에 훈련에도 차질을 빚어 다시 정상 컨디션으로 올라오는 데 시간이 오래 걸렸다.

대회나 경기가 끝나면 그에 대한 평가는 당연히 따르게 마련이다. 성공과 실패의 원인을 분석해 향후 대비책을 세우는 법을 스포츠심리학에선 귀인(歸因) 이론이라 한다. 이때 '자신 탓' 혹은 '남 탓'으로 돌리지 않고 '훈련 부족 탓'으로 돌리는 게 중요하다. 이를 '과정 미흡' 귀인이라고 한다. 성공과 실패가 반복되는 스포츠 현장에서 '자신 탓'은 자존감 상실 등 부정적인 영향을 주게 된다. 과정에서 미흡했다고 결론을 내면 '그래 지금부터 열심히 해야지' 하며 준비를 더 철저히 하는 행동으로 이어져 경기력 향상을 꾀할 수 있다. '실패는 성공의 어머니'란 말이 괜히 있는 게 아니다.

스포츠 현장이나 삶에서 자기효능감은 아주 중요하다. 자존감에 관한 독보적인 이론 체계를 만든 세계적인 심리학자 앨버트 밴듀라는 인간의 행동에 동기를 부여하는 데 커다란 업적을 남겼다. 그는 인간의 행동을 예측할 수 있는 가장 강력한 예측 변인으로 '자기효능감(어떤 세부적인 과제를 성공적으로 수행할 수 있다는 믿음)'을 꼽았다. 한마디로 자기효능감이 높은 사람이 성공할 가능성이 높다는 얘기다.

안 될 땐 쉬어라

주말 골퍼라면 누구나 한 번쯤 경험했을 사례. 지긋지긋하게 안 되던 골프가 얼마간 쉰 뒤 잘될 때가 있다. 다 이유가 있다. 심리학에 회상 효과(Reminiscent Effect)라는 게 있다. 회상 효과는 무엇을 배울 때 집중적으로 계속하기보다는 적절한 시간 간격을 유지하며 쉬면서 배울 때 더 잘 떠오른다는 이론이다. 사람은 어떤 일을 거듭하면 피로가 쌓이고 집중력이 떨어져 수행력도 떨어진다. 그래서 잠시 쉬며 피로를 풀어주면서 집중력을 높여줘야 한다. 그러면 회상 효과가 나타난다.

'테이퍼링(Tapering) 효과'도 중요하다. 강도 높은 훈련을 하다가 대회를 앞두고 점진적으로 훈련 강도를 낮춰주면 어느 순간 '초과 회복(평소 회복보다 더 많은 회복)'이 일어나 경기력을 향상시킨다는 이론이다. 2002년 한일 월드컵 4강 신화를 쓴 거스 히딩크 전 한국축구대표팀 감독이 조별리그 1차전 상대인 폴란드와의 경기에서 쓴 방법이다. 당시 한국은 '태극전사'들이 펄펄 날아 폴란드를 2-0으로 꺾고 월드컵 첫 승의 역사를 썼다.

정신력 싸움에서 성공하기 위한 이 같은 방법은 모두 자신감을 키우는 기술이다. 똑같은 조건이라면 자신감이 넘치는 선수가 유리하다. 전설의 복서 무하마드 알리는 이렇게 말했다.

"자신을 믿어라. '난 최고다. 나는 세계의 왕이다.' 최고의 챔피언이 되려면 스스로 최고라고 믿어야 한다. 만약에 그러지 못하면 그런 척이라도 해야 한다. 스스로 믿는 사람은 의심이 많은 사람보다 언제나 더 월등한 성취를 할 수 있다."

스포츠심리학적 방법이 만병통치약은 아니다. 결과는 결국 신의 몫이다. 다만 인간이기에 최선을 다할 뿐이다.

출처: http://www.donga.com/news/article/all/20131116/58930450/1

3. 스포츠 경기 장소 탐방 : 투어 에세이 브리티시 골프 특집

골퍼들에게 "가장 라운드 하고 싶은 골프장이 어디냐?"고 묻는다면 열에 아홉 명은 세인트 앤드루스St. Andrews 올드 코스라고 할 것이다. 아마도 아마추어 골퍼들은 그곳에서 단순히 플레이를 하는 것이 아니라 골프의 맛을 느끼고 싶기 때문이리라. 그 골프장을 '순례'한 기자는 한 특정한 골프장에 대해 썼을 뿐이지만, 골프라는 운동에 대해 노래할 수 있었고, 우리의 인생도 돌아봤다.

투어 에세이 브리티시 골프 특집〈2〉 세인트 앤드루스 올드코스

〈중앙일보〉, 2007. 8. 18.

600년 역사의 '골프 성지' 세인트 앤드루스 올드 코스와의 첫 입맞춤은 제법 용기가 필요한 일일 것이다. 심박수가 올라가고 어드레스를 하기 어려울 정도로 몸이 뻣뻣하게 굳는다면 당신은 골프의 정신을 소중히 여기는 신성한 골퍼가 틀림없다.

게다가 1번 티잉 그라운드 바로 뒤엔 웅장한 R&A의 클럽하우스가 코스를 내려다보고 있다. 골프 룰을 관장하는, 전 세계에서 가장 보수적이라는 R&A의 근엄하고 까다로운 회원들이 어드레스 자세와 티샷을 심판할 것 같은 걱정도 들 것이다.

올드 코스는 진짜 퍼블릭 코스다. 아무나 들어갈 수 있는 공원 같은 곳이다. 1번 홀 티 부근엔 관광객이 지나다니며 혹시 빈자리가 날까 기다리는 대기 골퍼들이 줄을 서 있다. 그들 앞에서 실수한다면 웃음거리가 될 것이 분명하다. 2차대전을 호령했던 미국의 명장 드와이트 아이젠하워는 올드 코스 1번 홀 티샷이 너무 부담돼 2번 홀에서 첫 티샷을 했다고 한다.

2번 홀은 스윌컨 개울 너머에 있다. 그 곳은 광활하게 트인 1번 홀과는 전혀 다른 세계다. 세상과 성지, 현실과 이상, 차안(此岸)과 피안(彼岸)의 경계가 이 스윌컨 개울이다. 미스터리와 전설, 도전, 육감 같은 올드 코스의 진정한 아름다움이 골퍼를 기다린다. 아이젠하워가 1번 홀에서 속세의 번잡함이 부담스러워 후퇴했다면 그리 나쁘지 않은 전략이다.

스윌컨 너머는 황량하고 투박하다. 2번 홀 티에 서면 보이는 것이라곤 무덤처럼 솟아오른 둔덕과 러프뿐이다. 어느 시골의 버려진 황무지에 선 것 같은 기분이 든다. 샤넬 매니큐어와 까르띠에 시계로 치장한 여인이 아니라 무명옷을 입은 후덕한 시골 아낙네다. 세인트 앤드루스 시민들이 올드 코스를 '올드 레이디'로 부르는 이유를 알 것도 같다.

게다가 불확실한 세계다. 핀은커녕 페어웨이도 보이지 않는 홀이 많다. 어디로 쳐야 할지 막막하다. 설령 노련한 캐디를 고용해 샷 방향에 대해 조언을 듣는다고 해도 직접 보지 않으면 믿기 힘든 법이다. 믿지 못하면 자신의 스윙을 할 수 없다.

유명한 코스 디자이너 누군가는 티잉 그라운드에서 핀이 보이는 직선 홀이 좋은 코스라고 했던 것 같다. 그러나 처음 페어웨이를 만든 양떼는 군대 제식훈련하듯 직선으로 행군하지 않았다. 러프와 구릉을 피해 물이 흐르듯 자연스러운 굴곡을 만들었을 뿐이다. 자연은 인간에게 직선을 주지 않았다.

올드 코스에 처음 나온 골퍼가 즐겁게 라운드하기는 쉽지 않아 보인다. 길고 거친 러프에, 페어웨이는 군데군데 끊어졌으며 좁다. 코스 관리가 완벽한 것도 아니어서 디봇에서 공을 쳐야 할 때가 많다. 112개나 되는 벙커들은 요지에 숨어 있으며 깊거나 아주 좁다. 타이거 우즈가 왜 "한 번도 벙커에 빠지지 않고 경기하겠다"고 다짐했는지 이해가 간다. 옆 홀과 함께 쓰는 그린은 축구장만큼 넓다. 100야드 퍼팅을 할 수도 있다.

그러나 순례는 즐거운 여행이 아니다. 고통에 더 가깝다. 차디찬 북해의 비바람을 맞으며 길고 거친 러프 속에서 공을 찾노라면 이곳이 진짜 가시밭길 순례지라는 것을 느낄 수 있을 것이다.

하지만 골프의 현지들은 올드 코스의 진짜 매력을 안다. 처음 이곳에 왔다가 스코어카드를 찢어버리기도 했던 골프의 성인 바비 존스는 "알면 알수록 매력이 있는 코스다. 바람과 핀의 위치에 따라 항상 다른 샷으로 핀을 공략해야 한다"고 말했다. 세 차례 디 오픈에서 우승한 존스는 올드 코스의 영감을 받아 마스터스가 열리는 오거스타 내셔널을 만들었다.

우즈는 "올드 코스에서는 다양하고 창의적인 샷을 구사해야 한다. A지점에서 B지점으로 가는 길이 무수한 코스"라고 말했다. 그는 올드 코스에서 열린 디 오픈에 두 번 나와 모두 우승했다.

세인트 앤드루스에서 집필 활동을 하고 있는 전 골프매거진 편집장 조지 페퍼는 "가장 강하고, 영리하며, 창의적이고 인내심 있는 우즈가 이곳에서 모두 우승했다는 것은 자연이 만든 올드 코스의 우수성을 드러내는 것"이라고 평했다.

우즈는 파 4홀에서 7번 아이언으로 티샷하기도 했으며 핀에 따라 옆 홀 페어웨이로 공을 보내 어프로치하기도 했다. 이 정도는 누구나 생각할 수 있는 것이지만 우즈는 파 4홀에서 일부러 그린 너머로 티샷을 때리고 거꾸로 어프로치하는 전례 없는 상상력을 보여줬다.

18번 홀 티박스에 서면 다시 열린 세상이다. 광장 같은 페어웨이와 핀, R&A 건물도 눈에 들어온다. 물론 스윌컨 개울을 다시 건너야 한다.

2005년 디 오픈에서 은퇴 경기를 한 잭 니클로스는 스윌컨 다리를 건너며 눈물을 흘렸다. 자신이 이제 이 골프 성지에서, 아니 골프에서 영원히 떠난다는 것을 알았기 때문이다.

니클로스뿐 아니라 스윌컨 다리를 건너는 모든 골퍼는 비슷한 감정을 느낄 것이다. 성스러운 땅을 떠나 다시 속세로 돌아오는 느낌 말이다.

죄악의 계곡(이곳은 원래 무덤이 있었다고 한다)을 지나 18번 홀 그린에 올라가면 다시 관광객들의 시선을 느낄 수 있다. 버디든 쿼드러플 보기든 18번 홀 옆에 선 갤러리들은 성지 순례를 마친 골퍼들의 노고에 박수를 보낸다.

순례자는 지친 몸을 타이거 우즈와 닉 팔도와 톰 모리스와 바비 존스 등의 사진들로 도배가 된 성지의 퍼브에서 알코올로 적셔줘야 한다.

세인트 앤드루스는 북극에 가깝다. 모스크바보다 위도가 높다. 여름철 낮은 영원처럼 길다. 어두워질 때까지 기네스 맥주를 마신다면 순례자들의 몸에는 암갈색의 피가 흐를 것이다. 그리고 골퍼들은 그의 마음을 스윌컨 다리 너머에 두고 온 것을 알게 될 것이다. 술에 취한 그들은 이렇게 얘기한다. "세상엔 두 종류의 골퍼가 있다. 세인트 앤드루스 올드 코스에 가본 골퍼와 그렇지 못한 골퍼가 있다"고.

출처: https://news.joins.com/article/2856154

4. 피처 기사의 정석: 입체적인 취재와 세밀한 묘사 – 내셔널리그 디비전 시리즈 5차전

한국 류현진의 동료였던 클레이튼 커쇼Clayton Kershaw는 LA 다저스가 보유한 최고의 선발 투수였다. 동시에 한 팀의 정신적 지주였으며 많은 선행으로 존경받는 선수이다. 그가 2016년 디비전 시리즈Division Series에서 보여준 헌신과 투혼은 빛나는 장면이었고, 이는 한 기자의 자판을 통해 아름답게 피어났다. 입체적인 취재, 세밀한 묘사, 유려한 글솜씨, 빈틈없는 구성은 읽는 이의 가슴을 벅차오르게 한다.

내셔널리그 디비전 시리즈 5차전:
클레이튼 커쇼, 가장 상상할 수 없었던 마무리 투수

yahoo! sports 칼럼, 팀 브라운(Tim Brown), 2016. 10. 14.

정강이 보호대를 차고, 포수 마스크를 올려 쓴 채, 그날 밤 격전으로 땀에 젖은 스티브 칠라디는, 좌익수 뒤쪽 불펜에서 자신을 향해 다가오는 선수를 바라보고 있었다. '다음에 나갈 투수군.' 칠라디는 생각했다. 그리고 곧 누구인지 알아차렸다 – 앞으로 고개를 숙이고, 한두 걸음 앞을 내려다보면서, 한 손에는 글러브를, 다른 손은 가볍게 주먹을 쥔 채 구부리고 무겁게 발걸음을 내딛는 모습 – 칠라디가 수십 번도 더 봤던, 그러나 경기 전에만 보던 모습이었다. 그 선수밖에 없다. 칠라디는 치켜 올렸던 마스크를 내려 썼다.

내셔널리그 디비전 시리즈 5차전은 5시간째를 향해 가고 있었다. 워싱턴 내셔널스는 한 점 차까지 무섭게 따라붙었다. LA 다저스의 마무리 켄리 잰슨은 한 점 차, 7회 무사 1루에 등판했다. 잰슨은 내셔널스의 중심 타선을 상대로 21구를 던진 뒤, 덕아웃으로 들어가며 감독에게 말했다. "저를 빼지 마세요, 감독님. 저를 빼지 마세요. 제가 책임집니다."

잰슨은 8회에도 공을 던졌다. 16구를 더 던지며 시속 97마일의 컷 패스트볼 속도가, 이따금 92마일까지 내려가면서도 4 대 3 리드를 지켰다. 그는 한 가지만을 생각했다. "저를 빼지 마세요. 제가 책임집니다."

내셔널 파크는 붉은 물결로 뒤덮였다. 거의 4만 4,000명에 달하는 관중들은 자리에 앉지도, 조용히 있지도, 네이비 야드의 마지막 지하철을 타기 위해 달려 나가지도 않았다. 지난 4년간 디비전 시리즈에서 두 번이나 패했던 내셔널스는 이번에는 달랐다. 그들은 하나가 되었고, 더 나은 선수들이었으며, 힘든 길을 헤쳐 나갈 줄 아는 사내가 이끄는 팀이었다. 아니, 사람들은 일어서 있었고, 소리치고 있었으며, 5시간의 혈투 끝에 승리할 것을 믿었으며, 켄리 잰슨이 무너지기를, 하퍼나, 워스나, 머피가 잰슨을 무너뜨리길 기다리고 있었다.

덕아웃에서, 클레이튼 커쇼가 투수 코치 릭 허니컷에게 말했다.

"켄리로 3이닝을 갈 겁니까?" 커쇼가 물었다.
"지금으로선." 허니컷이 답했다. "그게 계획이야."
"저 컨디션 좋습니다." 커쇼가 말했다.
"안 돼." 허니컷이 말했다. "무조건 안 돼."

다저스 역사상 가장 큰 행운과도 같았던 커쇼는, LA에서 이틀 전 110개를 던졌다. 그리고 그 4일 전에는 101구를 던졌다. 그는 이미 해야 할 모든 일을 다 했다. 지난 2년간 디비전 시리즈에서 2번 모두 졌던 다저스는, 이기든 지든 다른 24명의 선수로 결판을 내야만 했다. 그들도 하나가 됐고, 더 나은 선수들이었으며, 힘든 길을 헤쳐 나갈 줄 알리라 기대되는 사내가 이끄는 팀이었다.

허니컷은 커쇼가 감독인 데이브 로버츠에게 다가가는 것을 봤다. 허니컷은 6시간 전, "커쇼가 5차전에서 한두 타자를 상대할 것인지" 그에게 물어 봤다. 로버츠는 그런 일은 절대 없을 거라고 말했다.

"고맙다." 로버츠가 말했다. "말도 안 돼. 절대 말도 안 돼."

"저 몸 괜찮습니다." 커쇼가 말했다. "오늘은 제 가외 날입니다.[7]"

허니컷이 다시 커쇼를 봤을 때, 그는 이미 스파이크화를 갈아 신고 있었다. 후드 티는 웜업 자켓으로 바뀌어 있었다. 이닝 중간에 휴식을 취하고 있던 잰슨은, 커쇼가 뭔가 달라졌다고 생각했다.

"잠깐." 잰슨은 중얼거렸다. "내가 지금 꿈을 꾸고 있나?"

커쇼가 덕아웃을 떠나기 전에, 로버츠가 커쇼에게 말했다. "가서 던져. 머피 타석이 되면 잡아버려."

"필요할 때 말씀해 주십시오." 커쇼가 말했다. "전 준비가 되어 있을 겁니다."

커쇼는 좌익수 쪽 코너를 가로질러 대각선으로 걸어갔다. 관중들이 그를 알아봤고, 곧 무슨 일이 있어날지를 깨닫자, 야유를 보냈다. 로테이션에 따라 불펜 포수인 칠라디가 공을 받을 차례였다. 그는 커쇼가 다가오는 것을 지켜봤다.

---

7) 원문에는 'It's my side day.'로 표기되어 있다. 우리말로 적당한 번역을 찾기 어려워 야구 선수 출신의 미국인에게 질의했지만 그 역시 확실한 답을 주지는 못했다. '10 갈라쇼'에 원문을 첨부했으므로 독자들의 판단에 맡긴다.

"약간 섬뜩한 기분이었죠." 칠라디가 말했다.

어떤 조급함도 느껴지지 않았다. 외야를 가로질러 오는 커쇼의 발걸음에도, 불펜에 들어서는 모습에도, 재킷을 벗는 동작에도, 팔과 몸, 다리를 스트레칭하는 중 어느 한 곳에도 조급함은 보이지 않았다. 그의 말속에서도 조급함은 없었다. 아무 말도 하지 않았기 때문이다. 오직 볼을 받아 발로 마운드를 정리할 뿐이었다. 칠라디는 플레이트 뒤에 앉아, 스트라이크 존 구석으로 패스트볼을 요구했고 커쇼는 정확히 미트로 공을 던졌다.

"몸이 풀릴 때까지 세 번 정도만 제구가 안됐던 것 같아요." 칠라디가 말했다. "그 공은, 뭐라고 설명해야 될까, 그냥 단단하고 묵직했어요. 전에는 본 적이 없던 것 같았어요."

커쇼는 2008년, 루키 시즌에 구원 투수로 등판한 적이 있었다. 또 다른 한 번은 2009년이었다. 마이너 시절인 2006년에는 세이브를 기록한 적도 있었는데 그날 포수는 이제 막 포수 자리에 적응하던, 어리고 덩치 큰 선수로 그의 이름은 켄리 잰슨이었다.

이상한 경기. 목요일 밤에 시작된 경기는 피흘리며 금요일로 넘어가고 있었다. 내셔널스는 2회 다저스 선발 리치 힐을 상대로 한 점을 냈지만, 출루했던 주자들은 모두 득점에 실패했다. 그들은 에이스인 맥스 슈어저를 의지하고 있었고, 그는 5회까지 한 개의 안타도 허용하지 않았으며, 99구째에 작 피더슨에게 다저스의 불펜 쪽으로 가는 홈런을 맞기 전까지는 한 점도 내주지 않았다. 다저스가 슈어저를 공략하고, 내셔널스의 구원 투수 5명을 상대로 4점을 낸 것은 7회였다. 다저스는 4 대 1로 앞서나갔다. 로버츠는 7회 말을 28세 신인 투수 그랜트 데이튼으로 막고자 했다. 데이튼은 첫 타자를 볼넷으로 내보냈고, 다음 타자인 대타 크리스 하이지에게 홈런을 맞았고, 세 번째로 상대한 타자에게 단타를 허용했다. 로버츠는 잰슨을 호출했다. 잰슨이 9개의 아웃카운트를 해결할 수 있기를 희망했지만 할 수 있는 데까지 맡길 생각이었다. 잰슨은 아웃카운트 8개를 책임질 수도 있을 것이고, 혹은 7개가 될 수도 있을 것이다. 그의 아웃카운트가 얼마가 되든 그는 그 임무를 맡았다.

"내가 해야 할 일은 시즌 내내 내가 해온 걸 믿는 것뿐이다." 잰슨은 생각했다.

내셔널스는 위협적이었다. 잰슨은 어느새 40구를 넘겼다. 9회가 진행되는 동안, 불펜에서 커쇼는 몸을 풀었다. 커쇼가 공을 던지고, 칠라디가 받았고, 둘은 나란히 잰슨의 다음 피칭을 지켜봤다. 잰슨은 트레아 터너를 삼진으로 돌려세우며 9회 말을 시작했다. 남은 아웃카운트는 단 2개.

"절대로 그만둘 생각이 없었습니다." 잰슨이 말했다. "그렇게 내려가지 않을 겁니다. 남자답게 내려갈 겁니다."

잰슨은 브라이스 하퍼에게 공 네 개를 던졌고 볼넷을 허용했다. 투구 수는 45구째. 잰슨은 한 경기에서 42구 이상을 던진 적이 없었다. 잰슨은 제이슨 워스에게도 볼넷을 허용했는데, 네 번 째 볼은 그에게 남은 마지막 무기인, 시속 97마일짜리 커터였다. 다음 타석은 다니엘 머피. 머피는 디비전 시리즈 동안 15타수 7안타를 기록 중이었다.

로버츠가 마운드로 올라갔다. 그는 웃고 있었다. 로버츠는 감독이 된 후 선수들에게 해야 될 만큼만 하라고 요구해 왔다. 잰슨과 로버츠, 다저스 내야수들과 포수 카를로스 루이즈는 함께 불펜의 문이 열리는 것을 바라봤다. 커쇼가 외야의 잔디를 밟으며 천천히 59걸음을 뛰어 왔다. 유격수 앞에 멈춰선 후에는, 나머지 18걸음은 길었다.

"세상에서 가장 기분 좋은 것은" 잰슨이 말했다. "세계 최고의 투수가 자기 뒤에 있다는 걸 알게 되는 일이죠."

그때부터, 금요일 아침이 시작되었다. 두 구단의 운명은 잠시 멈춰 섰다. 한 팀은 내일 아침 시카고로 떠날 것이다. 다른 한 팀을 짐을 싸 겨울을 준비해야 한다. 주자는 두 명. 원 아웃. 타석에는 10월의 사나이 머피. 커쇼는 두개의 아웃카운트를 더 잡아야 한다.

다저스 야구단의 운영 담당 대표인 앤드류 프리드먼은 스위트 룸에서 그 광경을 내려다보고 있었다.

"켄리에 대해서 아무리 칭찬해도 모자랍니다." 프리드먼이 말했다. "켄리는 정말 믿을 수 없을 정도였습니다. 내가 본 것 중 가장 배짱 두둑한 투구였습니다. 오늘 밤 그는 마운드에서 자신의 모든 것을 쏟아부었습니다."

커쇼가 워밍업을 위해 몇 개의 연습 투구를 던졌다. 시리즈 5차전을 위해 – 리치 힐은 3일만 쉬었다 – 다저스는 모든 투수를 동원해 9이닝을 막을 방법을 강구했다. 단 한 명만 빼고.

“우리는 단 한마디도 한 적이 없었습니다.” 프리드먼이 말했다. “수많은 시나리오를 짰습니다. 그중에 어떤 시나리오도 커쇼가 포함된 적이 없었죠.”

확실히 그랬다. 커쇼가 한 이닝 전 불펜으로 걸어갔을 때, 프리드먼은 “상대를 유인하는 작전인 줄 알았다.”고 말했다.

2루수 찰리 컬버슨은 마운드 옆에 서 있었다. 그는 커쇼가 마운드로 오르는 것을 지켜봤다. 타자인 머피가 좌타자라 컬버슨은 수비 위치를 조정하기 위해 커쇼에게 투구 전략을 물어볼까 생각했다. 아드리안 곤잘레스에게 눈짓으로 신호했지만, 곤잘레스는 말없이 고개를 가로저었다. 물어보지마. 컬버슨은 로진 백을 집어 들어, 손에 묻힌 뒤, 자기 자리로 돌아갔다.

커쇼의 2구째 시속 94마일 패스트볼을 친 머피의 공은 컬버슨 위로 내야 뜬공이 되었다. 다음 타자는 투수 차례. 장장 4시간 30분에 걸친 경기 끝에, 내셔널스의 더스티 베이커 감독에게 남은 야수 자원은 한 명뿐이었다. 덕아웃에서 잰슨이 서성거리는 동안, 신인인 윌머 디포는 잇달아 5개의 공을 상대했고, 1볼 2스트라이크에서 들어온 커브 볼을 헛스윙했다.

커쇼가 두 팔을 번쩍 치켜들었다. 곧, 동료들이 그 위를 덮쳤다. 경기는 4시간 32분이 걸렸다. 시리즈는 5차전까지 진행되었다. 커쇼로 시작했고, 커쇼로 인해 중간에 멈췄고, 마침내 커쇼로 끝난 시리즈였다. 그리고 그들 모두는 역사의 한 부분이었음을 느꼈다. 모두가 역사의 한 부분이 되었다. 관중이 떠난 조용한 구장에서, 그들은 후들거리는 다리로 버티고 서서,

웃고 포옹했다.

"오늘 밤은 정말 기쁩니다. 모두가 즐기고 축하할 것입니다. 오늘 밤을 흥겹게 보낼 겁니다." 커쇼가 말했다. "그러나 내일 우리는 시카고로 떠날 겁니다."

스티브 칠라디는 맥주와 샴페인, 온갖 액체들로 흠뻑 젖은 채 한 손에는 병을, 또 다른 손에는 음식 접시를 들었다. 그의 두 눈은, 그가 본 것들로, 18m 떨어진 채 앉아 커쇼의 공을 받았던 미트의 느낌으로, 그리고 외야를 가로질러 걸어오던 커쇼의 모습으로, 반짝거렸다.

"그건 정말" 칠라디가 말했다. "소름끼치도록 멋있었습니다."

출처: https://sports.yahoo.com/news/how-clayton-kershaw-served-as-the-dodgers-closer-for-one-night-081200272.html

라커룸 (locker room) _08

유학 후 한국에 들어온 2014년 가을, 서강대학교에서 '스포츠 커뮤니케이션'이라는 수업을 맡았다. 단 세 학기 동안이었지만 많은 학생을 만났으며 그들 중 상당수가 현재 기자로 활약하고 있다. 특히 라커룸에 모인 선수들처럼, 대여섯 명의 학생들과는 여름 방학 때 만나 스포츠 기자에 대한 책을 준비했다. 우리는 함께 전현직 기자를 인터뷰했고, 이를 기사로 묶었지만 책을 출간하는 데는 이르지 못했다. 그들의 노력을 외면하고 싶지는 않았다. 자신의 이야기를 직접 써 보내기도 했고 새로 인터뷰해 쓴 내용도 있다. 그리고 시간이 지났어도 여전히 유효한 인터뷰는 그대로 담았다.

축구 보던 대학생, K리그와 분데스리가로 가다

정재은, 서강대학교 독일문화학과 졸업
〈골닷컴〉 기자, 전 〈포포투〉 기자

그림 8-1 **파주 NFC에서 케빈 하르와 인터뷰 중인 정재은 기자**

"급하게 휴학을 결심했는데, 가을학기 등록금을 환불받을 수 있을까요?"

개강한 지 일주일이 흘렀는데 등록금을 환불해 달라니. 참 무모했다. 물론 전액 환불은 불가능했다. 일주일 강의를 제외한 나머지를 환불받았다. 그렇게 '늦깎이' 휴학생이 됐다. 자, 이제 계획을 짜볼까.

노트북을 열었다. 새로운 마음가짐을 다진 대학생을 위해 각종 광고가 쏟아졌다. 토익 한 달 속성 강좌? 패스. 자기소개서도 전략적으로 준비해야 한다? 참… 내가 졸업 1년 남은 건 어떻게 귀신같이 알고. 패스.

커서를 검색창으로 옮겼다. '2014-15 시즌 분데스리가Bundesliga 일정'을 검색했다. 몽땅 다이어리에 옮겨 적었다. 이어서 UEFA 챔피언스리그, 프리미어리그 일정도 확인했다. 흥미로운 경기들을 뽑아 역시 메모했다. 이제 책을 사러 나갈 차례. 광화문 교보문고와 을지로역에 있는 영풍문고를 차례로 들렀다. 축구 관련 서적을 여러 권 구매했다. 빨리 다 읽고 싶다는 생각에 설렜다. 이렇게 나의 한 학기 휴학 계획이 완성되었다.

그냥 축구나 보고 놀겠다는 거 아니냐고? 뭐, 그럴 수도 있다. 그래도 살면서 그렇게 가슴이 떨렸던 적은 처음이다. 나는 축구가 좋았고, 축구를 공부하고 싶었고, 축구로 무언가 해내고 싶었다. 7학기 마친 '고학번' 대학생은 갑자기 왜 축구에 꽂힌 걸까. 방금 막 떠나온 독일 뮌헨에서 충격적인 일을 겪었기 때문이다.

여름 방학에 뮌헨으로 언어 교환을 다녀왔다. 겨우 2개월도 채 안 되는 과정이었다. 그래도 그렇게 오래 해외에 홀로 나가는 건 난생처음이었다. 그곳 뮌헨에서 나는 내가 다양한 박물관을 둘러보고, 문학 작품 속 배경도 가보고, 뭐… 그럴 줄 알았다. 내 눈을 사로잡은 건 시내 중심에 위치한 바이에른 뮌헨Bayern München 팬 샵Fan-Shop이었다. 더 정확히 말하면, 사람으로 바글바글한 팬 샵. 나도 기념으로 유니폼이나 하나 사볼까 하며 들어갔다. 들어가자

마자 유니폼 생각은 바로 잊혔다. 바이에른 로고가 그려진 모자는 그렇다 쳐도 필통, 연필, 심지어 안경, 퍼즐, 벨트, 아기 젖병… 문제는(?) 그것을 사람들이 사고 있다는 거다. 하루는 공부하러 카페에 갔는데 옆자리 소녀가 바이에른 로고가 그려진 커다란 백팩에서 바이에른 필통을 꺼내는 모습에 눈을 의심했다. 지하철을 타러 가는데 토마스 뮐러Thomas Müller 이름이 새겨진 유니폼에 딱 붙는 연한 청바지를 입고 친구를 만나는 여학생도 봤다. 분명히 평일이었는데. 경기 당일 지하철 풍경은 여전히 눈에 아른거린다. 한눈에 봐도 꽤 오래되어 보이는 유니폼을 입은 할아버지가 혼자 앉아 계셨다. 옆에서 맥주를 마시며 노래를 부르던 청년들이 할아버지와 건배를 하고 함께 응원가를 부르기 시작했다. 남녀노소가 축구로 하나 되는 모습이 인상적이었다. 그들에게 축구는 하나의 문화였다. 그때부터 축구가 궁금해졌다. 내게는 그저 이벤트 같은 존재였는데, 이렇게 그들의 삶 깊숙하게 파고든 힘이 무엇인지 궁금해졌다. 그래서 휴학을 결심한 거다. 학교에서 공부해보고 싶은 주제가 생겼기 때문에.

나만의 휴학 계획이 완성된 후 정말 열심히 축구를 봤다. 매주 주말 새벽 노트북 두 대와 TV를 대동해 각종 축구 경기를 챙겨봤다. 평일에는 축구 서적을 읽으며 공부했다. 어제 책에서 본 전술이 그라운드에서 펼쳐지는 모습을 보며 축구를 이해했다. 알면 알수록 더 매력적인 스포츠였다. 내가 이 스포츠로 무엇을 할 수 있을까. 그때부터 미래를 진지하게 고민해봤다. 축구를 할 수는 없으니 내가 자신있는 무언가에 축구를 접목시키자고 생각했다. 어머니께서 서랍 한 켠에 모아놓은 각종 상들을 꺼냈다. 초등학생 때부터 고등학생 때까지 꾸준히 참여한 대회가 있다. 글짓기 대회, 독후감 대회 등. 모두 최우수상 혹은 우수상이었다. 그때 깨달았다. 아, 내가 글쓰는 걸 좋아했지. 나는 어릴 때부터 글에 대한 욕심이 많았다. 고등학교 3학년 때, '분단'을 주제로 한 글짓기 대회가 열렸는데 마감 하루 전날 공지사항을 접했다. 알림판에 붙어 있는 공지사항을 누군가 가려놨기 때문이다. 친구에게 전해 들어 알았다. 너무 속상했다. 밤새 글을 써 겨우겨우 제출했다. 대회 2등을 했는데, 어찌나 분하던지. 그 정도로 욕심이 많았다. 당시 꿈이 방송작가였다. 대학교 입학 후 각종 시험, 조모임, 과제에 치여 잊고 살았다. 다시금 휴학하기 잘했다는 생각이 드는 순간이었다. 드디어 내 꿈이 정해졌다. 나는 스포츠 기자가 될 거다.

그렇다면 해야 할 일은 더 많아진다. 스포츠 미디어 시장에 관해 나는 아는 게 없다. 스포츠 미디어, 스포츠 커뮤니케이션을 주제로 검색을 하던 중 우리 학교에 '스포츠 커뮤니케이션' 강의가 열린 걸 봤다. 하필 이번 학기였다. 나는 이 강의가 너무 듣고 싶었다. 휴학생이지만 염치없이 교수님께 메일을 드렸다. 청강을 허락받았다. 너무 행복했다. 매주 화, 목에는 학교에 가 수업을 듣고, 시험을 보고, 과제도 했다. 나는 학점을 받는 입장도 아닌데 말이다. 그렇게 알찬 6개월을 보냈다. 복학한 후 '스포츠 미디어'를 3전공으로 택해 관련 강의를 계속 들었다. 물론 축구도 열심히 봤고. 그러다 휴학 당시 청강을 허락해 주신 교수님께서 한 가지 제안을 하셨다. 스포츠 미디어에 관한 프로젝트를 함께 진행하자고 말이다. 나를 비롯한 약 6명의 학생이 지원했다. 모두 스포츠를 사랑하고, 스포츠 시장에서 일을 하고 싶어 하는 이들이었다. 스포츠 미디어 종사자들을 만나 인터뷰를 하고, 글을 써 함께 책을 만드는 프로젝트였다. 각자 만나보고 싶은 분야의 종사자를 조사했다. 그때 나는 축구잡지 〈포포투Fourfourtwo〉의 홍재민 전 편집장님, MBC 스포츠의 홍태기 야구 전문 PD님을 만났다. 아마 이때가 내 인생의 결정적 전환점이지 않았나 싶다. 약 반 년 후, 〈포포투〉가 나의 첫 번째 직장이 됐으니까. 홍재민 전 편집장님이 번역 아르바이트를 할 대학생을 찾는다고 하셨고, 내가 하겠다고 했으며, 그렇게 아르바이트를 하다가 인턴기자 제안을 받았다. 2017년 1월, 나는 〈포포투〉에서 꿈에 그리던 스포츠 기자 생활을 시작했다.

나의 첫 번째 현장은 FC서울 유현, 신진호, 조찬호 기자회견이었다. 당시 세 선수를 FC서울이 영입했다. K리그를 잘 몰랐던 나는 현장에 가기 전 이틀 동안 FC서울에 대해 조사하고 각 선수의 정보를 메모했다. 기자회견장에 도착했고, 최용수 감독이 마이크를 잡는 순간 내 머릿속은 리셋reset. 그들의 말을 바로 타자로 치고, 기사로 완성을 해야 한다는 압박감에 어제 메모한 구단과 선수들의 정보는 모두 하늘 위로 날아갔다. 신진호와 조찬호의 이름은 자꾸 헷갈리고, 그들이 말하는 영입 배경은 들어도 이해가 당연히 되지 않고, 그야말로 총체적 난국이었다. 경기 현장에서 작성하는 상보(詳報)도 엉망진창, 믹스트존 인터뷰도 엉망진창, 모든 게 엉망이었다. '현타(현실 자각 타임)'가 오기 시작했다. 축구를 즐길 틈도 없었다. 축구는 점점 내게 '즐길 거리'가 아닌 그저 '일'이 되어버렸다. 주위에선 내가 손흥민을 바로 앞에서 본다는 사실에 부러워했지만, 내게 손흥민은 '아주 커다란 일'이었다. 취재 현장도 곧 경쟁인데 손흥민 취재 현장은 거의 전쟁터였다. 자칫 손흥민에게서 멀어지면 그의 말을 제대로 들을 수 없었다. 표정부터 손짓, 발짓까지 모두 캐치해야 했다. 하나라도 놓치면, 그리고 그 놓친 부분이 나를 제외한 다른 기사에서 등장하면, 그 좌절감은 이루 말할 수 없었다.

그래도 늘 즐겁게 일했다. 선수들을 만나 대화를 나누고, 감독의 이야기를 들으며 몰랐던 사실을 알고, 공부하고, 그들의 말을 기사로 써내고. 활자로만 접하면 모두 똑같은 이야기를 하는 것 같지만 실제로 그들의 목소리를 들으면 같은 말이라도 느낌이 다르다. 표정에서 전달되는 감정, 숨소리와 억양 등에서 차이가 나온다. 그런 차이를 발견하고 글로 표현하는 게 재밌었다. 내가 좋아하는 분데스리가를 주제로 한 콘텐츠도 꾸준히 냈다. '분데스리가 들려주는 여자'로 포털 사이트 '네이버'에 매주 포스팅했다. 아마 내 인생에서 가장 많은 악플을 받아본 시기가 아닌가 싶다.

약 2년 동안 국내에서 기자 생활을 하다 덜컥 독일 뮌헨으로 떠났다. 처음에는 독일에서 공부가 하고 싶어 떠났지만, 결국 또 축구다. 취재 현장이 K리그에서 분데스리가로 옮겨졌다. 독일에 처음 도착했을 때는 독일어를 제대로 못해 정말 애를 많이 먹었다. 미디어 시스템이 전반적으로 K리그와 많이 달랐다. 그동안 K리그에서는 나를 챙겨주고 내가 모르는 부분을 알려주는 선배들이 있었고, 함께 수다를 마음껏 떠는 동기들이 있었다. 분데스리가에는 당연히 있을 리가 없다. 하나부터 열까지 혼자 해내야 했다. 알리안츠 아레나Allianz Arena 첫 취재 날, 미디어 입구를 한 시간 동안 찾아 돌아다닌 기억이 난다. 참고로 길치다.

내가 독일로 떠난 해에 한국 선수들이 분데스리가로 많이 진출했다. 정우영이 바이에른 2군에 입단했고, 여름에는 이청용과 이재성이 분데스리가 2부로 왔다. 덕분에 취재 거리가 풍성해졌다. 점점 분데스리가를 보는 축구 팬도 많아지는 느낌이 들었다. 이듬해에는 '스타' 백승호까지 다름슈타트Darmstadt로 이적하고 권창훈이 프라이부르크Freiburg로 가며 유럽에서 한국인 선수를 가장 많이 보유한 나라가 되었다. 내가 해야 할 일이 더 많아졌지만, 타지에서 고군분투하는 우리나라 선수들 목소리를 전해줄 수 있어 기쁘다.

그렇게 벌써 2년째 분데스리가에서 취재 중이다. 기쁘고 좋은 일도 많지만, 그만큼 힘든 일도 많다. 한국에서는 접해보지 못한 '격한' 팬 문화가 처음에는 무서울 정도였다. 경기 전, 후로 얼큰하게 취한 커다란 팬 무리가 지나가면 나도 모르게 겁이 난다. 출장 가는 길, 술 취한 축구 팬에게 인종 차별도 여러 번 당했다. 구단마다 미디어 시스템이 다 달라서 수차례 애를 먹었다. 초행길에 밤까지 어둑해지면 정말… 독일에 막 이적한 이재성 선수를 만나러 가는 길. 버스를 약 40분 기다렸는데 기사 아저씨가 나를 못 보고 지나쳐 필사적으로 달리다가 발목 부상까지 입었다. 다행히 인터뷰는 늦지 않았지만 일주일 동안 꼼짝도 못했던 기억이 난다. 이승우 선수가 베로나에 있던 시절, 인터뷰 시간이 갑자기 변동되어 급하게 택시를 잡으려는 데 제대로 잡히지 않아 어찌나 속이 타들어가던지. 그날 저녁 '인터밀란Inter Milan – 토트넘Tottenham' 경기까지 취재해야 해서 스트레스가 엄청났다. 유럽에서 발생하는 변수는 한국에서보다 대처하기가 더 어렵다.

그럼에도 불구하고 계속 독일에서 아등바등하며 취재하는 이유는 기사 완료 후 밀려오는 보람이 몇 배로 크기 때문이다. 혼자 잘 살아남고 있다는 뿌듯함도. 이제는 반겨주는 구단 직원이나 기자 동료들이 있어 덜 외롭다. 바이에른 뮌헨이라는 세계 최고의 클럽을 2년째 취재하고 있다는 자부심도 생겼다. 그만큼 책임감도 커졌다. 어느덧 기자 생활 5년 차가 됐고, 독일에서 취재한 지 3년 차에 접어들었다. 지금까지는 '용감함'으로 달렸다면 이제 콘셉트concept를 달리 잡아야 한다는 생각이 든다. 콘셉트 고민은 차차 해야겠다.

기자를 꿈꾸고, 준비하고, 기자로 살아가며 깨달은 게 있다. 아무리 좋은 팀이어도 공격적으로 상대를 압박하지 않으면 골을 넣기 힘들다. 나 역시 내가 덤벼들지 않으면 좋은 취재거리를 잡지 못한다. 이 글을 읽은 여러분도 마찬가지다. 덤벼들기를 바란다. 물론 나만의 무기는 있어야 한다. 시대의 흐름에 촉각을 곤두세우고 나만의 무기를 장착하길 바란다. 요즘 내가 느끼는 건…. 왜 대학생 때 영상 편집을 배워 놓지 않았을까. 영상은 좋은 무기다. 이제는 글만 잘 쓴다고 되는 세상이 아니기 때문이다. 또, 평소에 사람과 대화도 많이 나누었으면 좋겠다. 대화하는 법을 알아야, 괜찮은 인터뷰 기사가 나온다. 모든 스포츠를 다 섭렵하겠다는 다짐으로 일주일 내내 TV나 컴퓨터 앞에 앉아 있지 말고 차라리 동네 한 바퀴를 돌며 어제는 발견하지 못한 풍경을 찾아보는 걸 추천한다. 많이 보고, 생각하고, 경험하고, 그걸 글로 적어내고. 향후 분명히 도움이 될 거다. 축구 기사라고 1부터 10까지 축구, 축구, 축구로 꽉 채우면 너무 지루하더라.

참, 꼭 전하고 싶은 말이 있다. 독일에서 취재를 하며 가장 많이 받는 질문. 유럽에서 기자를 하고 싶으면 어떻게 해야 하냐고 묻는다. 그럴 때마다 나는 이렇게 대답한다. 일단 한국에서 기자가 되라고. 아무리 유럽에서 기자 생활을 해도 내가 상대하는 건 결국 한국 독자나. 한글로 된 기사를 쓴다. 그러니 한국에서의 스포츠 미디어 환경을 먼저 배우는 게 중요하다. 나 역시 기자 생활을 10년, 20년 넘게 한 선배들과 함께 취재하며 많이 배웠다. 첫 직장 〈포포투〉에서 너무 훌륭한 선배들을 만난 덕분에 지금까지 버티는 거라고 생각한다. 늘 그분들에게 감사한 마음을 갖고 있다. 유럽에서 유학하며 쌓은 좋은 경험을 어설프게 낭비하지 않았으면 좋겠다.

이제 글을 마무리하겠다. 내일은 또 알리안츠 아레나에 가야 한다. 바이에른 뮌헨이 라이프치히Leipzig를 상대한다. 알리안츠 아레나에서 기자들에게 제공되는 식사가 기가 막힌다. 그러니 언젠가 꼭 이곳에서 취재해 보길 바란다. 맛있는 식사, 멋진 시설, 끝내주는 선수들… 그야말로 오감만족.

스포츠가 취미가 아니라 확신이 들 때 도전하라: SBS 권종오 기자

김민영, 서강대학교 독일문화학과 졸업

그림 8-2 **아테네 올림픽 개막식을 취재하는 권종오 기자**

Q SBS 방송국이 개국한 1991년부터 스포츠 기자 생활을 시작했는데 올림픽 외에 어떤 종목들을 취재하셨나요?

A 거의 전 종목입니다. 축구, 야구, 골프, 배구 등… 윈드서핑 같은 특수한 종목을 빼곤 다 취재했습니다.

Q 스포츠 기자를 결심한 결정적 동기는 무엇인가요?

A 아버지께서 복싱 선수셨어요. 그래서 어릴 때부터 스포츠에 관심이 많았습니다. 초등학교 때는 복싱을 좋아했고, 중학교 때는 야구에 빠졌죠. 이렇게 스포츠를 많이 좋아해서 스포츠 기자가 되기로 결심했습니다.

Q 다른 직업을 생각해본 적은 없나요?

A 다른 직업을 생각해본 적은 단 한 번도 없습니다. 스포츠 기자 외에 생각해본 것이 없어요. 무조건 스포츠 그리고 무조건 기자였습니다.

Q 스포츠 기자의 요건은 무엇이라고 생각하시나요?

A 우선적으로 스포츠에 대한 지식과 애정, 전문지식이 필요하고, 기자는 사람을 취재하는 일인 만큼 사람에 대한 이해가 필요하다고 생각합니다. 이에 부가적으로 기사 작성 능력도 필요하고, 아이템이 될지 안 될지 판단하는 능력도 중요합니다. 또한 독자가 흥미를 가질 것인지를 잘 따져야 하죠. 전문가로서 흥미가 가고 재밌는 것이 있는 반면, 일반인에게는 안 먹힐 수도 있기 때문입니다. 기자는 자기 일기장에다 글을 쓰는 것이 아니라 보여주는 것이기 때문에 소재를 판단, 발굴, 기획하는 능력이 필요합니다. 더욱이 '방송'은 제작까지 고려해야 합니다. 편집과 효과 등 이 모든 능력을 갖춰야 한다고 생각해요. 아이템 판단 능력과 제작 능력까지도요. 간단한 것은 아니죠. 그러나 하나라도 부족하면 완성도 높은 작품이 안 나옵니다.

Q 그 능력을 갖추기 위해서는 어떻게 준비해야 할까요? 스포츠 기자를 꿈꾸는 학생들은 어떻게 해야 할까요?

A 기본적으로 스포츠 자체에 대한 지식을 쌓아야 합니다. 선수에 대한 정보, 프로필, 지식 등이요. 스포츠 선수가 굉장히 많습니다. 어느 한 순간에 고시 공부하듯 책 한 권 들고 해서 될 게 아니죠. 스토리! 종목 자체에 대한 전문지식 외에 선수에

대한 지식이 필요합니다. 그리고 국제화 시대이기 때문에 영어는 기본이고 중국어, 일본어, 독일어, 스페인어 등 제2외국어도 하면 좋습니다.

Q 배경지식, 정보를 굉장히 많이 아는 게 느껴집니다. 그런 것을 쌓아가는 노하우가 있나요?

A 비법은 없습니다. 야신 김성근 감독을 보면 어느 한 분야를, 그것만 몇십 년 하면 다른 시각이 생기는 것 같아요. 많이 읽고 방송도 많이 보고 많이 경험하는 것이 필요합니다. 그러면 자연스럽게 쌓이는 것 같아요. 고시 공부하듯이 한다고 바로 되는 게 아니죠. 간혹 이 분야에 관심이 없지만 이 부서로 발령받는 사람이 있는데 그런 사람들은 적응하기 힘들어요. 사회나 정치부보다 더 힘듭니다. 이쪽은 특수 분야라 할 수 있습니다.

Q 앞으로 스포츠 커뮤니케이션, 저널리즘의 전망을 어떻게 보시나요?

A 현재 스포츠뿐만 아니라 언론 매체의 환경이 굉장히 많이 바뀌었어요. 인터넷이 나오면서 모든 것을 바꿔버린 거죠. 오히려 언론 자체보다 포털 사이트가 힘을 더 가지고 있습니다. 기사를 얼마나 더 잘 보이는 데 올려놓느냐가 중요한 요소가 되었어요. 이상한 현상인 거죠. 신문을 종이로 보는 사람이 거의 없어졌습니다. 앞으로 이 산업 분야가 어떻게 될지는 모르겠어요. 예측할 수가 없네요. 분명한 건 경쟁이 심해진다는 것입니다. 결국에는 진짜 전문가만 살아남을 거예요. 전문성이나 남들보다 나은 점이 없으면 안 됩니다. 더욱더 전문가가 되어야 합니다. 최고 수준이 되어야 합니다.

Q 그래도 아직 SBS는 지상파 메이저 방송사로서 비교적 상당한 영향력을 가지고 있지 않나요?

A 그렇긴 하지만 종편이 많이 생겼어요. 다 힘들어지는 상황입니다.

Q 경쟁이 심화되는 와중에도 방송 매체로서 가지는 장점, 강점은 무엇이라고 생각하십니까?

A 스포츠는 기본적으로 영상 위주라고 할 수 있습니다. 글로 쓴 걸 아무리 읽어 봐도 감이 안 오는 경우가 많아요. 이미 몇십 년 전부터 '스포츠 = 영상'이라는 공식이 자리 잡았죠. 또 우리 같은 경우는 영상으로 채워지지 않는 것을 인터넷에 취재 파일로 올립니다. 글로도 보여주는 거죠. 요즘은 하나만으로 되는 게 아니라 영상으로도 보여주고, 글로도 심층적으로 쓸 줄 알아야 합니다.

Q 저서에서 '보도 중 가장 기억에 남는 것' 세 개를 꼽으셨는데, 그중 가장 뿌듯했던 취재는 무엇인가요? 그리고 개인적으로 가장 '잘했다' 싶은 것은 무엇인가요?

A 1948년 런던 올림픽이 우리나라 선수들이 처음 출전한 하계 올림픽입니다. 2012년에 런던에서 다시 열렸는데, 2012년 당시 과연 1948년도에 런던에서 우리 선수들이 뛴 영상이 있을까 궁금해졌습니다. 그래서 한번 찾아보자 마음먹었죠. 몇 개월 정도 찾았는데…. 사실 그것을 찾아보려 한 것은 아니었어요. 유튜브를 보는데 우리나라 선수들이 뛰는 그림이 있었어요. 그래서 분명히 다른 그림이 더 있을 것이라 생각하고

IOC에 알아본 결과 원했던 그림을 입수할 수 있었습니다. 영상뿐만 아니라 신문기사까지도 찾아내서 보도했었죠. 제가 처음으로 발굴한 것이라 뿌듯했어요. 그리고 특종이라면 박찬호 선수가 LA로 갔을 때, 그리고 우리나라가 야구 용병제를 도입했을 때입니다.

Q 현직에서 겪은 인상 깊은 기관이나 사람을 꼽는다면요?

A 이승엽 선수입니다. 여러 스타들을 무명 시절부터 쭉 봐왔는데, 대부분 많은 선수들이 스타가 되면 목소리가 달라집니다. 거만해진다는 거죠. 하지만 이승엽 선수는 초심을 잃지 않고 겸손했고 다른 선수들의 모범이 되었습니다. 진짜 스타구나 하는 생각을 하게 되었습니다. 이런 선수들이 몇 명 더 있지만 그중 가장 기억에 남네요.

Q 같이 일하는 사람들 중에서는 누가 있을까요?

A 아직은 롤 모델이 없어요. 제가 롤 모델이 되려고 노력하고 있습니다.

Q 그렇다면 존경할 만한, 바람직한 스포츠 기자 상은 무엇이라 생각하십니까?

A 국제적 시각을 가져야 합니다. 우리나라는 아직까지 우물 안 개구리라 할 수 있어요. 십여 년 전만 해도 EPL(England Premier League, 잉글랜드 프리미어리그)은 신경도 안 썼어요. 글로벌한 시각에서 기사를 쓸 줄 알아야 합니다. 외국어 실력이 갖춰져야 하고 국제 스포츠 동향도 잘 알아야 합니다.

올림픽, 월드컵을 많이 취재하면서 늘 안타까웠던 것이, 항상 흐름을 주도하는 것은 주로 미국, 영국 기자들이라는 것입니다. 국가 자체의 힘도 있지만, 언어의 힘이 강하다고 할 수 있죠. 그들은 영어를 기본적으로 쓰는 중에서도 가장 능수능란하게 쓰는 사람들 아닌가요. 기자 회견을 하는데, 거의 영어로 이루어집니다. 근데 영어로 질문을 했을 때 교묘하게 빠져나가는 발언을 했다면 그것을 또 조목조목 따져야 하지만 비영어권은 그게 안 됩니다. 논쟁이 안 이뤄지는 거죠.

Q 스포츠 기자의 평균적인 일과는 어떠한가요?

A 매체별, 개인별로 달라서 일률적으로 말할 수는 없지만, 방송사는 보통 제작까지 완성해야 하기 때문에 '9 to 9'이라 말할 수 있습니다. 기자의 특성은 출퇴근 시간이 정해져 있지 않다는 거죠. 돌발 상황이 많아요. 그래서 제 개인적인 스케줄을 많이 잡지 못합니다. 영화를 함께 보려고 약속 잡아놨다가도 선수가 은퇴한다고 하면 취재를 가야 합니다. 사생활 보장이 어려워요. 주말 근무도 많고 개인적인 시간을 내기가 어렵습니다. 근무 여건도 일정하지 않고 새벽 경기를 봐야 하는 경우도 많습니다. 체력이 중요해요. 운동선수만 체력이 필요한 게 아니라 우리 기자들도 필요합니다.

Q 이렇게 근무 환경이 힘들어도 이 일을 계속 해나갈 수 있는 원동력은 무엇인가요?

A 제가 이것을 좋아하기 때문입니다. 스포츠를 좋아하고, 또 남이 모르는 것을 내가 알고 있다는 쾌감이 있어요. '이걸 언제

보도하지?', '다른 데서 알고 있는 거 아냐?' 이런 것들이요. 특종에 대한 욕심도 많이 생깁니다.

Q 그렇다면 기자로서 '이건 좀 힘들다'고 딱 떠오르는 점은 무엇이 있을까요?

A 취재하고 뉴스를 하다 보면 취재원에 대해 비판을 해야 하는 경우가 있어요. 비판을 좋아하는 사람은 없지 않나요. 그렇게 비판 기사를 내면 취재원과 서먹해지고 껄끄러워지는 경우가 생깁니다. 이런 점이 좀 힘들어요. 비판할 때는 해야 하는 강직함과 뚝심이 필요합니다. 기자는 기본적으로 날카롭고 섬세해야 하지만, 어떤 면에서는 또 무뎌야 합니다. 그렇지 않으면 힘들어요. 자기가 상처를 받으면 힘들죠.

Q 스포츠 기자를 꿈꾸는 사람들에게 마지막으로 남기고 싶은 말씀은요?

A 스포츠 기자라는 것은 기자라는 특성과 스포츠라는 특성이 결합되어 있습니다. 막연히 하고 싶다는 사람에게는 권하고 싶지 않습니다. '정말 내가 이걸 좋아하느냐', '평생 할 수 있느냐'를 자기 자신에게 물어보고, 답이 '예스'라고 나온다면 직업이기 때문에 준비를 철저히 해야 합니다. 내가 스포츠를 보고 즐거워하는 정도인지, 내가 직업으로 택할 정도인지는 완전히 다른 문제입니다. 스포츠 전문 지식, 언론사 시험 대비, 외국어 능력, 상식, 기사 작성 능력 등…. 체력도 기르고 다방면에 많은 지식이 쌓여야 합니다. 스포츠 하나만 알아서는 좋은 기사가 안 나오죠. 참신한 기획을 할 수 있도록 많은 것을 알아야 합니

다. 끊임없이 신문, 인터넷, 기사, TV의 뉴스를 많이 보고, 미리미리 준비해야 합니다. 비법이란 없습니다. 수많은 선수들에게 비결이 뭐냐고 물어보니까 비결이 없다는 게 비결이었어요. 어디에도 비결은 없습니다. 제가 체중을 2년에 13킬로그램 뺐는데 비결이 뭐겠습니까? 살 빼는 비결은 적게 먹고 많이 뛰는 것밖에 없습니다. 하나 보면 자기만의 요령이 생깁니다. 스포츠를 보면 설명할 수 없는 부분이 많아요. 메시Lionel Messi한테 어떻게 그렇게 골을 잘 넣냐, 타이거 우즈Tiger Woods에게 퍼팅을 어떻게 그렇게 잘하냐 물어봐도 말로 설명하기 힘들 거예요. 자기가 계속 해오면서 자신이 터득한 방법이 있는 거죠. 김성근 감독과 같이 야구를 매일 하게 되면 신기가 생겨요. 요리도 마찬가지 아닌가요. 요리법대로 한다고 해도 그 맛이 안 나옵니다. 종이에 방법 다 써줘도 그 맛이 안 나와요. 하지만 요리사는 불이 어떨 때 어떻게 해야 할지 본능적으로 알고 있습니다. 이건 설명이 안 되는 거죠. 스포츠 기자는 스포츠 지식과 기자 준비를 동시에 하는 것입니다. 그리고 '나는 아홉 시에서 여섯 시까지 일하고 집에 가야 한다.' 이런 생각을 하면 안 됩니다. 이 세상에 쉬운 건 없습니다.

스포츠 기사는 휴머니즘을 담아야 한다: 장윤호 전 <일간스포츠> 편집부장, 전 <스타뉴스> 대표이사[8)]

원종배, 서강대학교 경영학과 졸업

그림 8-3 **장윤호 전 〈일간스포츠〉 편집국장, 전 〈스타뉴스〉 대표이사**

"왜 1지망이 스포츠입니까?"

언론 고시라 불리던 때인 1987년, 그는 입사 면접에서 질문을 받았다.

당시는 정치부, 경제부 기자가 대부분 1지망이었고, 그다음이 사회부 순이었다. 기자로 쌓은 경력은 언론인으로 남지 않는 경

8) 장윤호 전 〈스타뉴스〉 대표이사와의 인터뷰는 2015년에 이루어졌다.

우 때로는 국회의원 정치인이나 사회 각 분야 전문가로 가는 등용문과 같았다. 면접관의 마치 이런 사람은 처음 본다는 듯한 질문에 대한 대답은 의외로 쉽게 나왔다.

"정치, 경제는 복잡하고 골치 아파 싫습니다. 스포츠가 정치, 경제보다는 더 인간적인 분야일 것 같습니다."

그는 스포츠 기자로 한국일보사 〈일간스포츠〉에 입사해 2009년까지 일본프로야구를 경험하고 메이저리그MLB 특파원 9년을 거쳐 주로 야구만 취재하였다. 인터뷰 시점인 2015년 〈스타뉴스STARNEWS〉의 대표이사로 있던 '장윤호'가 바로 '그'다. 한국외대에서 러시아어를 공부했고, 꿈은 영화감독이었다. 영어를 먼저 습득하기 위해 카투사KATUSA에 입대했고 군대 전역 당시 영화를 공부하기 위해 미국 유학을 준비했으나 여러 형편이 어려워졌다. 영화 공부도 하고 싶지만 돈을 벌어야겠다는 생각이 들어, 언론고시를 보고 기자가 되기로 했다. 3~4년하고 말겠지, 하던 기자 생활은 스포츠인들은 물론 동료 선후배 기자들에 대한 정이 깊어지며 22년 동안 이어졌다.

무더운 여름날 〈스타뉴스〉에서 장윤호 대표이사를 만났다. 날카로운 첫 인상과는 달리 그는 따뜻함과 겸손함을 추구하는 사람이었다. 좋은 사람들을 만나 취재하는 것이 너무 즐거웠고, 이것이 22년 동안 기자생활을 하게 된 원동력이라고 했다.

장윤호의 키워드 휴머니즘

그는 '장윤호의 체인지업'에서 그해(2015년) 7월 열린 프로야구 경기에 대해 글을 썼다. A감독이 노히트를 하던 신인 투수를 5회 2사 후에 교체하였다. 승리투수 요건인 5이닝 투구를 아웃카운트 하나 남겨 놓은 상황에서의 교체였다. 그리고 그날은 그 투수의 생일이었다.

"단언컨대 취재 경험상 그 상황에서 투수교체를 할 감독은 세상에 없다고 생각했습니다. 저는 평소 A감독의 야구를 깊게 들여다보던 사람입니다. 하지만 이 교체는 팀 승리를 불렀을지언정 사람의 마음은 잡지 못했을 것 같았어요. 당시 교체 이유를 확인하지는 못했지만 받아들이거나 보는 관점에 따라서 비정을 넘어서 냉혹했고, 인간에 대한 배려를 찾아보기 어려운 교체였습니다.

더 안타까웠던 것은, 이것을 비판하거나 분석하는 기사들이 거의 없었다는 사실입니다. 그 투수 교체가 옳다 그르다의 문제가 아닙니다. 수십 명의 기자가 경기 후 감독을 인터뷰하는데, 아무도 교체 배경에 대해 물어보지 않았어요. 취재 기자들 중 누군가는 물어보고 팬들에게 상황을 설명해줘야 하며 필요하다면 비판해야 하는데 아무도 나서기가 싫었던 모양입니다.

취재 여건이 열악해졌다는 것을 인정합니다. 그러나 과거에 비해 현재의 스포츠 저널리즘은 언론 고유의 비판 기능을 잃고 있습니다. 스포츠 기자는 물론이고 저널리즘 자체가 살아남으려면 비판의 기능이 반드시 존재해야 하는데, 이것이 사라져가고 있는 거죠. 각 사의 회사 이기주의나 자기 이기주의에 반하는 행동이 아니라 언론 본연의 비판 기능을 말하는 것입니다."

그가 분노한 사건이 있었다. 모 구단 선수가 원정 경기에 나서던 날, 아버지가 위독하시다는 소식을 듣고 코칭스태프에게 선수단을 떠나 문병을 다녀오겠다고 요청했으나, 거부당한 것이다. 장윤호 대표이사가 스포츠를 선택한 가장 큰 이유가 바로 인간미, '휴머니즘'이었다. 휴머니즘이 상실된 스포츠는 그에게 의미가 없었다. 스포츠가 스스로 가져야 할 본연의 '가치'를 잃고 있다는 것이다.

"세상 어떤 사람이 자기 아버지의 임종을 지키러 가겠다는 사람을 막습니까?

당시 경기는 전반기 막바지 경기였고, 중요한 게임이라는 것도 압니다. 그래도 후반기가 있고, 설시 한국시리즈 중이라고 해도 무엇보다 구단에 소속된 선수를 그렇게 대하는 것은 말이 안 됩니다. 저는 메이저리그를 9년 동안 현장에서 취재했습니다. 메이저리그는 출산 휴가까지 있어요. 미국 스포츠 저널리즘이 일관되게 추구하는 가치가 바로 휴머니즘입니다. 스포츠에 휴머니즘이 섞여 있지 않다면 가치가 없다고 생각해요. 특히 스포츠에서는 휴머니즘이 중요합니다. 휴머니즘이 들어가 있지 않는 스포츠는 황금만능주의나 사회주의적 성향을 띠게 됩니다. 휴머니즘이 존재하지 않는다면 스포츠의 가치는 떨어질 것이고 스포츠 저널리즘의 수명도 끝나는 것입니다. 스포츠 저널리즘도 무엇보다 먼저 휴머니즘을 회복하고 현재와 미래에 추구해야 할 가치가 무엇인가에 대해 정확한 기준과 목표를 세워야 합니다. 자기가 어떤 글을 쓰든, 어떤 기자가 되든 존재 '가치'에 대한 부분을 심각하게 고민해야 할 것입니다."

그가 바라보는 현재와 앞으로의 저널리즘

그는 요즘 스포츠 관련 기사들을 읽는 것이 예전만큼 재미있지 않다고 했다. 다들 감독의 말, 기록, 작전 분석에 경기 내용만 담고 있다는 것이다. '프로' 스포츠의 가치는 실력도 실력이지만 인간미가 중요하다고 생각한다. 사람들이 스포츠에서 보고 싶은 것은 승리와 패배만이 아니다. 승리도 중요하지만 승패를 떠나 그 속에서 인간적인 감동을 원한다. 스포츠와 관련된 모든 사람들은 스포츠 속에서 그 가치를 치열하게 찾아내고 보여줘야 한다. 이렇게 스포츠 저널리즘이 그가 원하지 않는 방향으로 변해가는 데에는 사실 구조적인 문제가 있다.

"취재환경이 굉장히 열악해졌습니다.

과거 기자 생활을 하면, 선수들과 감독들(취재원들)과 개인적으로 친해질 기회도 많았지만, 언론 매체와 기자들이 많아지면서 그런 현장 취재 기자 고유의 기회들이 많이 사라졌습니다. 사적인 관계가 꼭 좋다는 것은 아니지만 노력하는 기자들이 취재하기 더 편한 환경이었던 시기가 있었어요. 전에는 한국시리즈가 되면 취재진이 30~40명 왔지만 지금은 평소에 그 정도 오고 포스트시즌, 한국시리즈나 올스타전에는 70~80명씩 옵니다. 취재원들도 많은 기자들을 일일이 상대할 수가 없는 거죠."

언제쯤에 그런 현상이 일어났냐는 질문에 그는 망설임도 없이 대답했다.

"야구를 기준으로 한다면, 일본프로야구를 경험한 선수들이 한국프로야구 지도자가 되었을 때부터예요. 메이저리그는 규정된 시간에 선수들과의 접촉이 자유롭습니다. 메이저리그 기자들이 클럽하우스 라커룸에 출입하는 것이 대표적인데, 프로야구 선수를 신격화하는 일본은 그게 허용되지 않아요. 한국프로야구도 초창기에는 라커룸에 출입할 수 있었지만, 갑자기 일본 스타일이 도입되어 선수단 관리라는 명목하에 라커룸을 닫기 시작했고, 다른 팀들도 이를 따라 해 이제는 라커룸 출입이 완전히 금지되었습니다. 기자들의 인간적인 취재에 큰 제약이 생긴 거에요. 어떻게 보면 기자들이 취재 영역과 권리를 스스로 못 지키고 힘을 보으지 못한 딋일 수 있는데, 이제라도 서둘러 취재 권리와 영역을 회복할 필요가 있다는 것입니다. 메이저리그에서 여기자들이 클럽하우스에 출입할 수 있게 된 것은 메이저리그가 출범하고 100년이 지나서입니다. 1978년 양키스Yankees와 다저스Dodgers의 월드시리즈 경기 때, 〈스포츠 일러스트레이티드Sports Illustrated〉 지의 멜리사 러트케Melissa Ludtke라는 여기자가 소송을 걸었어요. 남자 기자와 여자 기자가, 여자라는 이유만으로 라커룸에 출입할 수 있는 권리를 차별받는다면 어떻게 정당한 경쟁이 가능하겠느냐는 것이었고, 결국 승소해서 여기자에게도 라커룸이 개방되었습니다. 거기서는 남녀는 없고, 감독, 코치, 선수 등 취재원과 기자만 있는 것이죠. 당시 판사는 여자 기자든 남자 기자든 상관없이 기자로서 '프로답게' 행동해야 한다는 조건을 달고 판결을 내렸습니다.

개인의 문제도 있습니다. 전에는 기자의 특권이 가장 먼저 보도자료, 정보를 접해 취재하고 기사화할 수 있는 것이었습니다. 지금은 보도자료가 어디서 나왔거나 특종기사를 써도, 1분 만에 수십 개가 이어져서 나옵니다. 기자가 이런 취재 여건하에 경쟁에서 살아남으려면 그 기자만이 쓸 수 있는, 자신만이 깊이와 통찰력을 담은 기사를 내놓아야 합니다. 한국프로야구를 살펴봐도 취재의 자유가 제한된 현재 여건에서 기사의 생생함과 깊이가 열혈팬이나 파워 블로거의 수준을 현저히 뛰어넘지 못하고 있는 것이 현실입니다."

암울하게만 들린다. 사실이다. 그렇게 희망차게 이야기하지는 않았다. 하지만 그는 앞으로 나아가야 할 방향에 대한 신념 또한 확고했다.

"1인 미디어 시대가 옵니다.

지금과 달리 과거에 제가 일하던 시절에는 미디어가 가지는 파워가 강력했습니다. 롤 모델이라 함은 어떤 분야에서 치열한 경쟁을 거쳐 빛을 발하는 것을 생각하는데, 당시 스포츠 신문을 예로 들면 〈일간스포츠〉, 〈스포츠서울〉, 〈스포츠조선〉밖에 없어 치열하기는 해도 상대적으로 경쟁자 수는 적었어요. 그런 부분에서 한국 스포츠 저널리즘은 이제 최고 수준의 경쟁이 시작되었습니다. 이 치열한 경쟁 시장에서 자기만의 세계를 구축해낸다면 고유의 독자들을 확보할 위치에 오를 수 있습니다. 스포츠 신문 시장은 힘을 잃어버리고 있지만, 뛰어난 기자가 있다면 다양한 매체에서 스카우트에 나서고 계약을 합니다. 소속보다 개인이 가지는 영향력이 커지고 있는 거예요. 과거에는 어디 소속의 기자인지가 중요했다면, 현재는 그 기자가 누구인지가 중요해졌습니다. 1인 미디어 시대가 오고 있습니다.

앞으로는 회사나 집단, 단체마다 자신만의 정보망을 구축하고 공유하게 될 것이며 언론사, 미디어의 힘은 계속해서 떨어지게 될 것입니다. 언론사만의 힘으로는 부족해요. 개인의 능력이 중요해지는 시대입니다. 다음 세대의 기자들은 스마트폰 등 각종 기기들을 능숙하게 다룰 수 있어야 합니다. 이런 것이 곧 개인의 경쟁력이 되는 것이죠. 글은 당연히 잘 써야 되는 거고, 계속 글을 써야 합니다. 그것이 저만의 경쟁력이었습니다.

저는 지금 대표이사 일을 하면서도 제 이름으로 칼럼을 일주일에 하나씩은 꼭 썼습니다. 저만의 감각과 현실 소통 능력을 지켜가려는 것입니다. 지금도 부족하지만 야구에 관해서 인정받는 것이, 꾸준히 글을 써왔기 때문에 가능한 것 같습니다. 글을 쓰는 사람은 글을 안 쓰면 빠르게 잊힙니다. 한국에서 기자 중에 22년간 야구를 줄곧 취재한 기자도 대선배 칼럼니스트들을 제외하면 찾아보기 어려울 거예요."

주제가 너무 무거웠던 탓인지 한창 인터뷰를 진행하던 도중 잠깐 정적이 흘렀다. 그때 그는 자신의 구형 스마트폰을 만지작거렸다. 그리고 멋쩍게 웃으며 말을 이었다.

"자기가 뭘 하든 끝은 없고 시작하고 도전할 기회가 언제든 옵니다. 자기의 가치를 높이세요.

사실 기자 생활을 하면서 가장 후회했던 것이, 사진을 안 찍었던 거예요. 제가 기자 생활을 할 때는 취재기자와 사진기자의 영역이 완전히 구분된 것이라고 생각했습니다. 아마 그때부터 취재와 함께 사진을 조금이라도 배워뒀다면 저의 또 다른 경쟁력이 됐을 거예요. 요즘은 아닙니다. 좋은 사진기로 찍으나, 휴대용 디지털 카메라로 찍으나, 심지어는 스마트폰으로 찍어도 기사에 붙여 쓰기에는 어려움이 없어요. 동영상도 가능합니다. 기자 생활 막판에는 사진도 많이 찍었고, 지금도 글을 씁니다. 제가 얼마 전에 우리 직원들과 이야기하다가 직원들이 묻더군요. 스마트폰 요금 한 달에 얼마나 나오냐고? 아마 한 4~5만 원 나올 거라고 이야기를 했더니 다들 놀라면서 웃더군요. 그 돈 내면서 왜 아직도 그거 쓰고 계시냐 이겁니다. 좀 충격이었어요. 저는 이거로 야구 엄청 보는데, 사실 화면이 작아서 점수도 잘 안 보입니다. 직원들 거로 한 번 봤는데 화면도 엄청 크고 잘 보이더군요. 이런 것도 경쟁력이 될 수 있어요. 새로운 기술들을 빨리빨리 익혀두면 분명 어딘가는 쓸 데가 있고 자기 가치를 높이게 됩니다. 제가 후회하는 게 그겁니다.

아! 또 있습니다. 2009년에 〈일간스포츠〉를 나오면서 기자를 완전히 그만두고 언론계를 떠날 생각이었습니다. 당시 가지고 있던 자료나 사진 같은 것들을 전부 다 없애버렸습니다. 근데 지금 보세요. 기자들이랑 일하면서 글을 쓰고 있지 않습니까? 지금도 그 생각하면 아까워 죽겠어요. 그리고 교훈도 얻었습니다. 자기가 뭘 하든 끝은 없고 시작하고 도전할 기회가 언제든 온다는 것을 알게 되었어요. 빨리 새로운 기술을 접하지 못했고, 있던 자료들을 소중히 여기지 않았던 것이 이제 와서 후회가 됩니다. 9년이라는 시간을 프로 스포츠의 천국이라는 미국에서 보내면서 NFL, NBA, NHL, MLS 등에 대해 더 깊은 취재를 못하고 한국인 최초의 빅리거인 박찬호를 중심으로 메이저리그에 집중해 취재했던 것도 아쉬워요. 보기에 따라서는 오랜 미국 특파원 생활이 부러울 수도 있지만, 개인적으로 아쉬운 점도 있는 게 사실입니다."

그의 기자 생활에 대한 이야기를 듣다 보니 문득 궁금해졌다. 지금 생활은 어떤가에 대한 질문에도 그는 웃으면서 계속 이야기했다.

"기자 때가 사실 훨씬 마음 편하고 만족스러워요. 지금은 직원들에게 월급을 주어야 합니다. 이게 얼마나 머리가 아픈지 모릅니다. 기자를 할 때는 글을 열심히 쓰고, 월급을 받으면 되었는데 지금은 글을 쓰는 것보다 직원들의 월급을 주는 게 제가 져야 할 가장 큰 책임입니나. 생각이 조금 바뀐 것이, 사장이 인품도 훌륭하고 도덕적이고 뭐 다 좋다 이겁니다. 그런데 월급을 못 주는 사장이에요. 다른 한 명은 인품도 별로에 성격도 좀 더럽고, 그렇다고 불법적인 일을 저지르는 사람은 아니지만, 월급을 잘 준다면 직원들에게는 누가 좋은 사장일까 이런 고민이죠. 지금 가지고 있는 책임이 이전에 비해서 훨씬 크고, 그만큼 고민도 많고 기자 생활할 때가 훨씬 좋았어요."

글을 쓰고 싶은 이들에게 하고 싶은 말

장윤호 대표이사는 경험도 많고, 경력도 길다. 글에 자기만의 가치를 담아낼 수 있는 지식과 필력을 갖추기 위해 노력하는 사람이다. 그런데 앞으로 글을 쓰고 싶은 이들은 사실 잘 모른다. 어떻게 쓴 글이 잘 쓴 글이고, 무엇을 써야 가치를 담아낸 인간적인 글인지를. 그들에게 그는 조언하였다.

"기자는 잡식성입니다.

제가 항상 우리 기자들에게 이야기합니다. 관심이 없는 분야라도 요즘은 정보를 굉장히 간편하게 접할 수 있어요. 적어도 기사 제목은 모두 읽으세요. 기자는 과학자와 다릅니다. 자기 분야만 파서는 사회적인 가치를 담아 좋은 글을 쓰기가 힘듭니다. 야구 기자라고 야구만 알고, 축구 기자라고 축구만 알면 글이 잘 나올 수가 없어요. 기자는 잡식성입니다. 많은 분야에 대해 깊이 알지 못하더라도, 전혀 모르는 것은 없어야 합니다. 종합적인 지식과 통찰력을 가지고 있어야 자기만의 가치를 가지고 좋은 글을 써낼 수 있습니다. 책도 많이 읽어야 합니다.

그리고 글은 머릿속에 먼저 쓰는 겁니다. 가끔 글을 쓰는 사람 중에, 일단 끄적끄적 쓰는 것부터 시작하는 사람이 있습니다. 이런 사람은 절대로 글을 잘 쓰기 쉽지 않아요. 주제를 하나 정했다면, 그 주제로 글을 어떻게 시작할 것인지, 글에 담을 핵심 내용은 무엇인지, 어떤 식으로 줄거리를 풀어 나갈 것인가를 먼저 생각해야 합니다. 그리고 자료들을 찾아보고 메모도 한 뒤에, 머릿속에 그려 놓은 내용을 한 번에 써 내려가야 논리적으로 매끄럽게 이어지는 글이 됩니다. 중구난방으로 글을 쓰면서 필요한 것을 그때그때 찾고 집어넣다 보면 횡설수설하게 됩니다. 메모하는 습관도 글을 잘 쓰는 방법 중에 하나입니다."

그에게 저널리스트를 꿈꾸는 학생들, 사람들에게 꼭 필요한 것 세 가지를 꼽아달라고 했다.

"일단 글을 쓰세요.

글도 안 쓰면서 무슨 저널리스트고 무슨 기자? 글을 쓰고 싶은 사람이 아무런 글도 쓰지 않고 있으면 어떻게 저널리스트가 될 수 있겠습니까? 요즘은 글을 올릴 수 있는 곳도 많습니다. 일주일에 적어도 하나씩 글을 써서, 블로그든 어디든 올리세요. 계속. 많은 분들의 글도 읽어보면서 자기만의 색을 담은 글을 써야 됩니다. 나중에 어떤 언론사의 기자가 되든, 칼럼니스트가 되든 글 쓴 경험은 언제나 더 크고 좋은 기회를 가져다 줍니다. 그리고 그 글에 가치와 치열함, 휴머니즘을 담으세요. 스포츠 저널리스트잖아요. 스포츠에서 가장 중요한 게 그겁니다. 승리의 환희 뒤에 흘린 땀. 때로는 뼈아픈 자책과 눈물이 남긴 휴머니즘."

스포츠 유튜버 '김진짜'에게 듣는 '진짜' 유튜버 이야기

이동현, 서강대학교 4학년, 종교학 · 스포츠미디어학 전공

그림 8-4 스포츠 유튜버 김진짜

유튜브는 영상 콘텐츠 생산과 형식의 경계를 무너뜨렸다. 무궁무진한 형태를 가진 유튜브 콘텐츠는 많은 시청자들을 유혹하고 있으며, TV로 대표되는 방송국의 시청률의 아성은 10%만 나와도 다행이라 평을 받는 등 점점 무너지고 있는 상황이다. 유튜브의 역할은 TV방송의 대체재에 국한되지 않는다. 기존 방송사들도 시청자 유입을 위해 유튜브에 진출하고 있기 때문이다. 이 현상은 스포츠 저널리즘계에도 일어나고 있다. 스포츠 언론사들의 채널

은 시청자 확보를 위해 각 회사끼리 혹은 스포츠 마니아들이 만든 채널과도 경쟁하고 있다.

이렇게 레드오션에 가까워지는 스포츠 유튜브계에서 빛을 발하는 한 유튜버가 있다. 그는 축구 선수 경력과 지도자 경력에서 비롯된 지식과 뛰어난 언변으로 자신의 지식들을 쉽게 설명하는 양질의 콘텐츠를 제작하고 있다. 자신의 능력에 대한 자부심으로 '진짜' 양질의 축구 콘텐츠를 제작하는 축구 유튜버 '김진짜'이다.

본인 소개

Q 어렸을 적부터 스포츠 쪽으로 진로를 결정했나요?

A 초등학교 때 엘리트 축구부를 6개월간 했습니다. 이후 중 · 고등학교 때는 인문계를 선택해 대학 진학을 목적으로 학업을 했어요. 고1 때부터 '축구'에 관한 공부를 하고 싶다고 생각했고 대학교 때부터 축구 지도자를 꿈꿨습니다.

Q 그 후 꿈을 살려 영국에서 축구 지도자 교육 연수를 받았고 코치 경력도 있으시다고 하는데, 이 경력에 대해 구체적으로 이야기를 듣고 싶습니다.

A 영국축구협회FA에서 레벨1, 레벨2 자격증[9]을 취득했습니다. 교육과정 중에 런던 지역의 유소년 선수들을 지도했어요. 이후

9) 영국 FA도 타 유럽 국가들처럼 UEFA 코칭 라이선스 과정을 운영해 축구 지도자들을 육성하고 있다. 지도자 라이선스 과정은 최대 5단계로 이루어져 있으며 최고 단계는 'UEFA PRO'이다.

프리미어리그부터 하부리그의 팀들에게까지 지원 메일을 보냈고 9부 리그 정도의 성인 팀에서 코치 역할을 맡았습니다. 훈련 진행도 하고 선수들 앞에서 팀 대화를 하는 경험도 했습니다. 학업으로 인해 오래 하지는 못했지만, 영국 성인 선수들을 직접 지도해볼 수 있어서 정말 신기하고 즐거운 경험이었어요.

축구 콘텐츠 채널 '김진짜'

Q 코치 경력을 뒤로하고 축구 영상 콘텐츠 제작자로 활동을 시작한 이유가 궁금합니다.

A 영국에서 프로 팀 코치를 해보고 싶었지만 제 실력 부족을 느꼈고 또 '인종 차별'이라는 커다란 벽을 느꼈습니다. 이후 러프버러 대학교Loughborough University 운동생리학 석사과정을 밟았으며, 관련 학문의 교수가 되고 싶었습니다. 하지만 생각보다 공부가 맞지 않아 학업을 중단했어요. 학업을 끝내고 한국에 돌아와서는 몇몇 사업을 했습니다. 그러던 중 이제는 유튜브가 대세라고 생각해 유튜브를 시작했지요. 초창기에는 축구 외의 분야 콘텐츠들을 제작했습니다. 그러다 우연히 축구 콘텐츠 영상을 올렸는데 반응이 좋았습니다. 그 후 계속 축구 콘텐츠를 만들었고 지금까지 이어져 오고 있네요.

Q 활동명을 '김진짜'로 한 이유는 무엇인가요?

A '진짜'가 되고 싶었기 때문입니다. 사업을 하다 보니 세상에 '가짜'가 정말 많다는 것을 알게 되었어요. '진짜'가 되기 위해 노력하고, 요령을 피우는 게 아니라 정도를 걸어야 사람들에게

인정받을 수 있다는 것을 깨달았습니다. 그래서 활동명을 '김진짜'로 정했네요.

Q 다른 유튜브 채널이나 타 방송 플랫폼과 비교해서 본인의 방송이 갖는 차별점은 무엇인가요?

A 제가 그간 공부해온 축구 코칭에 관한 지식이 차별점인 것 같아요. 콘텐츠를 만들기 전에는 '누구나 알고 있겠지.'라고 생각한 지식을 새롭게 느끼시는 분들이 의외로 많았습니다. 또한 축구를 좋아하지 않는 사람이 느끼기에 너무 어려운 이야기라면 과감하게 삭제하거나 최대한 쉽게 풀어 설명합니다. 덕분에 축구를 그렇게까지 좋아하지 않는 분들도 제 영상을 봐주시는 것 같습니다.

Q 전의 질문에서 말한 선수 경력과 코치 경력이 콘텐츠 제작에 도움이 되나요?

A 물론 그렇습니다. 코칭을 하려면 무조건 선수 경험이 있어야 해요. 선수 경험 덕분에 선수들이 어떤 상황에서 체력적으로 힘들고 어떤 판단을 내리기 어려운지 알 수 있습니다. 코치 경력도 마찬가지입니다. 경기를 보면서 각 팀 감독들이 전략적 판단을 꾀할 때 그 의도를 예측해볼 수 있습니다. 선수 경험과 코치 경험이 콘텐츠 제작에 지대한 영향을 미쳤다고 생각하고 그 자체가 '김진짜' 콘텐츠의 차별점이라고 생각합니다.

Q 축구 외에 다른 분야의 콘텐츠를 개발할 생각이 있나요?

A 물론 있지요. 축구 외에도 브이로그VLOG 등의 콘텐츠를 개발하여 시청자층의 폭을 더 넓히고 싶은 생각입니다. 앞으로의 계

획은 구독자 수, 조회 수 등에 연연하지 않고 행복하게 콘텐츠를 만드는 것입니다.

유튜브와 스포츠 저널리즘

Q 유튜브가 스포츠 저널리즘에 어떤 영향을 미쳤는지 유튜버로서의 생각을 듣고 싶어요.

A 저는 주로 경기 리뷰 영상, 선수 분석 영상, 해외 반응 영상 등을 제작했습니다. 많은 분이 축구 경기가 끝나 저의 영상과 같은 2차 창작물들을 시청하며 스포츠를 즐깁니다. 또 댓글로 자신의 의견을 공유하며 열띤 토론을 벌이기도 합니다. 유튜브가 스포츠 저널리즘의 의미를 더 확대했다고 생각해요.

Q 유튜브가 스포츠 저널리즘을 어떻게 확대했는지 구체적으로 이야기를 들어볼 수 있을까요?

A 스포츠 분야에서 재밌는 영상이라면 보통 스포츠 명장면 짜깁기 정도로만 생각하겠지만, 현재는 많은 유튜버들이 다양하고 독창적인 재미있는 콘텐츠들을 생산하기 때문에 스포츠 분석, 해외 반응, 개인적인 견해들이 전보다 더 많은 방향으로 늘어나고 있습니다.

Q 그렇다면 자신을 저널리스트로 여기시나요?

A 그렇지 않습니다. 저는 엔터테이너에 가깝다고 생각합니다. 어떤 이슈가 있을 때 시청자들과 그것에 대해 재미있게 소통할 수 있는 사람이지 저널리스트라고 생각하지는 않습니다.

Q 스포츠를 다루는 다른 방송 플랫폼과 비교해서 유튜브의 강점은 무엇인가요?

A 유튜브는 자타공인 최대의 플랫폼이므로 이용자 수가 독보적으로 많아요. 하나의 영상으로 엄청나게 많은 사람에게 영향을 미칠 수 있습니다. 그래서 제 이야기로 하여금 그 누구도 상처받지 않았으면 하는 마음으로 의견을 피력할 때 굉장히 조심하는 편이예요.

Q 많은 스포츠 저널리스트와 마니아들이 유튜브로 진출하면서 시장이 레드오션이 된 느낌이 있는데요. 이에 대한 본인의 생각을 듣고 싶습니다.

A 시장이 레드오션이라고 할지라도 콘텐츠의 재미와 질이 높으면 언젠가 성공할 수 있습니다. 크리에이터의 인지도보다는 콘텐츠가 더 중요하다고 생각해요. 또 레드오션이 되면서 오히려 유튜브에 많은 시청자들이 몰립니다. 그러면 새로운 크리에이티기 좋은 콘텐츠를 들고 나왔을 때 빠른 시간에 성장하기에도 수월할 것입니다.

Q 스포츠 유튜브계의 전망은 어떻게 보시나요?

A 스포츠에도 다양한 방향이 있다고 생각합니다. 시청자들은 선수 출신 전문가가 가르쳐주는 경기 기술에 대한 콘텐츠들을 많이 소비하고 있습니다. 스포츠 분석이나 리뷰에 대한 콘텐츠도 인기가 많지만, 해당 콘텐츠는 방송사의 저작권과 밀접한 관련이 있기 때문에 제작에 어려움이 있어요.

스포츠 유튜버 '김진짜'

Q 하나의 영상 콘텐츠를 만들기 위해 어떤 과정을 거치고 무엇을 준비하시나요?

A 먼저 스포츠 뉴스나 이슈 등을 체크하여 적절한 주제를 선정합니다. 이후 영상의 대본을 작성하는 데 퇴고를 2~3차례 하고 녹음을 합니다. 그다음 화면에 사진이나 영상, 자막 등을 입히고 음악과 효과음을 추가합니다. 소요 시간은 영상에 따라 다르지만 평균 12시간 정도예요.

Q 그렇다면 본인의 일과는 어떻게 되시나요?

A 해외 축구 경기가 보통 새벽에 시작하기 때문에 밤낮이 바뀌어 생활하는 경우가 많아요. 영상을 만들다가 업로드하고 지쳐 잠드는 경우가 대부분입니다. 시간이 남으면 운동을 해요. 그리고 또다시 영상을 만드는 일과가 반복됩니다.

Q 유튜브 영상에서 나오는 광고 수입 외에 다른 수익 창출 활동도 병행하시나요?

A 병행하지 않습니다. 유튜브를 전업으로 하고 있습니다.

Q 스포츠 유튜버로 활동하면서 어떤 경험이 가장 기억에 남나요?

A 애초에 얼굴을 드러내지 않고 싶었으나 더 다양한 콘텐츠를 제작하기 위해서 얼굴을 드러낼 수밖에 없었습니다. 구독자가 30만 명이 넘어가니[10] 길거리에서도 저를 알아봐 주시는 팬

---

10) 김진짜 본인의 개인 사정으로 인해 채널을 재편성했고, 본서의 집필 시점인 2020년 2월 현재 약 11만 6천 명 정도의 구독자를 두고 있다.

분들이 계셨습니다. 신기하더군요. 또 축구 외에 제 소소한 이야기를 담은 콘텐츠들도 제작했었는데 해당 영상을 보고 우울증을 극복해 고맙다고 전한 한 팬의 메시지가 기억납니다.

Q 스포츠 유튜버가 되는 데 필요한 소양은 무엇이 있을까요?

A 스포츠 유튜버는 지식과 재미를 둘 다 제공해야 합니다. 해당 종목에 대한 깊은 지식이 있어야 하고 쉽고 재미있게 풀어내는 능력이 중요합니다.

Q 스포츠 유튜버 활동의 장단점은 무엇인가요?

A 축구의 경우 스포츠 브랜드들이 주관하는 오프라인 행사들이 많습니다. 이러한 행사들에 인플루언서influencer 자격으로 초대될 수 있는 것이 장점입니다. 단점은 시청자 수가 적을 수 있다는 것입니다. 우리나라에서 해외 축구를 아주 깊게 소비하는 인구는 대략 50만 명 정도라고 생각합니다. 좀 더 대중적인 주제를 다루는 것보다 구독자 수나 조회 수가 나오지 않을 수 있습니다.

Q 자신의 일에 만족하시나요?

A 매우 만족합니다. 새로운 것을 만들어 내는 것이 적성에 맞아서 앞으로도 이런 일을 계속하려고 합니다.

Q 스포츠 유튜버를 꿈꾸는 사람들에게 마지막으로 한 말씀 부탁드립니다.

A 당장의 이슈를 가지고 자극적인 영상을 만들기보다 내공을 쌓고 천천히 자신만의 것을 만드는 것이 중요하다고 생각합니다. 건투를 빕니다!

디지털 시대의 스포츠 기자 _09

디지털 시대에 스포츠 기자가 해야 할 일은 무엇인가? 과거의 스포츠 기자는 펜과 타이프라이터만이 필요했다. 그러나 지금은 컴퓨터를 갖고 있지 않는 스포츠 기자는 없다. 더욱이 카메라가 장착된 스마트폰까지 있다. 이들은 자신의 지면을 위한 기사와 함께 개인의 '브랜드化'를 위해 다양한 활동을 한다. 디지털 시대의 스포츠 기자라면 무엇을 해야 할 것인지 살펴보자.

디지털 시대 스포츠 기자의 역할은 무엇이 달라져야 할까? 이에 대해 한 번 더 생각하게 된 계기가 있었다. 한국에서는 세계적인 스포츠 대회가 많이 열렸다. 그중의 하나가 2015년에 열린 프레지던츠컵The Presidents Cup 골프대회이다. 국내에서도 많은 관심을 끌었을 뿐 아니라 전 세계에서 기자들이 모여들었다. 대회 2라운드 날 프레스 센터를 방문했는데, 취재 목적이 아니라 가벼운 마음이었다. 그런데 분위기가 이상했다. 기자들이 삼삼오오 모여 술렁이고 있었고 극도로 예민해 보였다. 기자실 정면의 스코어 보드와 텔레비전 중계는 정상적으로 진행되고 있었지만 기자들은 뭔가 잘못되었다는 것을 알고 있었다. 그러나 그때까지 아무도 정확히 사건을 파악하지 못했다. 미국 대표 팀이었던 필 미켈슨Phil Michelson이 7번 홀에서 '원 볼 컨디션one ball condition(하나의 공으로 경기를 계속해야 한다는 규정)'을 위반했는데 PGA투어 경기위원이 룰을 잘못 적용했던 것. 급박하게 일이 벌어지고 있었으나 상황이 완전히 드러나지는 않아 모두 답답해 했다. 그때 몇몇 한국 기자들이 현장에 있던 한 미국 기자의 SNS를 보여줬다. 스마트폰 화면에는 '뭔가 이상한 일이 벌어졌다. 아직은 모르겠다. 알게 되는 대로 곧 올리겠다.'는 문장이 적혀 있었다. 이후 진상이 밝혀졌는데 인상적이었던 것이 외국의 스포츠 기자는 독자와 직접 소통하고 있다는 사실이었다. 먼 나라에 취재를 왔어도 개인 SNS로 독자(이자 기자 개인의 팬)을 관리한다는 점이었다. 취재와 기사 작성만이 아닌 또 다른 스포츠 기자의 역할을 보여주었다.

디지털 시대에 스포츠 기자가 살아남는 법

스포츠 기자에게는 페이스북이나 인스타그램, 트위터 등을 활용하려는 적극적인 자세가 필요하다. 대화의 상대가 더 이상 회사 동료나 취재원만이 아닌 시대이기 때문이다. 또 다양한 SNS를 활용하는 방법은 지면을 위한 기사 작성이나 취재활동과는 목적이 달라야 한다. 'SNS를 왜, 그리고 SNS로 무엇을 할 것인가'와 '모바일 활용법'에 대해 기손디(Gisondi, 2018)는 다음과 같이 조언한다.

SNS를 왜, 그리고 SNS로 무엇을 할 것인가

국내에서도 스포츠 기자가 페이스북을 통해 자신의 기사 내용을 공유하거나 개인적인 의견을 표출하는 경우가 많다. 인스타그램이나 트위터에 사진과 비디오 등을 올려 '어디서 지금 무엇을 하고 있는지' 팬들이 알 수 있어야 하기 때문이다.

- 뉴스 전달 경기 중 일어난 사건, 선수의 부상, 출전선수 명단 등을 알려줄 수 있다. 흔히 일어나지 않는 일을 먼저 알려줌으로써 스포츠 팬의 관심을 끌 수 있는데 큰 경기에서 팔리지 않고 남아 있는 표의 가격을 전달하기도 한다.
- 기사 홍보 가능한 한 많은 플랫폼에 자신의 기사를 링크한다. 이를 통해 자사의 웹사이트 조회 수도 늘릴 수 있을 뿐 아니라,

광고 효과도 볼 수 있다. 텔레비전이나 팟캐스트 등에도 노출될 기회를 가지면 더욱 효과적이다.

- 생중계 정식으로 중계권을 가진 미디어가 있기 때문에 스마트폰을 통해 생중계를 하는 것은 저작권에 걸린다. 그러나 스코어는 물론이고 선수들의 연습장면을 찍어 올린다면 많은 흥미를 끌어모으게 될 것이다. 또 특정 스포츠 주제와 관련된 컨퍼런스 상황 등을 올린다면 반드시 높은 관심을 보이는 팬을 만나게 될 것이다.
- 알려지지 않은 이야기 미처 기사에 담지 못했거나 작은 일화 등 소소한 내용을 개인적인 관점에서 보낸다면 갑자기 늘어나는 팔로워follower 숫자에 놀랄 것이다.
- 흥미로운 통계들 경기 중간중간에 만들어지는 재미있는 통계가 의외로 많다. 차트나 시각 효과가 있는 자료들을 내보내는 것만으로도 자신을 지켜보는 팬들에게 충분히 서비스가 될 것이다.
- 사적인 접근 평소 기사를 열심히 읽는 팬들은 특정 스포츠 기자에 대해서도 궁금할 것이다. 본인의 기자실 책상 위에 놓여 있는 각종 자료를 공유해도 좋고, 취재를 나간 경기장별로 음식의 맛을 품평해도 좋을 것이다.

모바일 활용법

스포츠 기사를 읽기 위해 팬들은 신문이나 데스크탑 컴퓨터보다 얼마나 많이 스마트폰을 사용할까? 정확한 비율은 알 수 없지만 지하철로 출퇴근을 할 때 확인할 수 있다. 미국의 경우 ESPN 기사를 읽는 스포츠 팬의 70%는 스마트폰을 이용한다고 한다. 그리고 이 비율은 계속 늘어나고 있다. 대다수가 스마트폰 화면으로 기사를 읽는다고 한다면 기사를 쓸 때 몇 가지 고려해야 할 사항이 있다.

- **간결함** 기사의 양에 관계없이, 기사를 쓸 때 간결한 문체로 깔끔하게 전달하는 것이 좋다. 언제나 그렇다. 특히 손가락을 튕겨 기사를 넘기는 입장에서는 어색한 표현이나 불필요한 단어, 늘어지는 문장을 보면, 기사를 넘기는 동작이 더욱 빨라질 것이다.
- **강력한 리드** 스포츠 기사를 처음 읽는 부분은 리드이다. 강력하게 끌어들이고 긴장을 고조시킬 수 있도록 재빨리 기사를 진개해야 한다. 독자의 흥미를 붙들 수 있는 시간은 단 몇 초에 불과하다.
- **제목의 힘** 짧으면서도 전체의 내용을 포괄하는 제목이 중요하다. 아무리 탁월한 기사라도 제목에서 흥미를 느끼지 못하면 읽지 않을 가능성이 많다.
- **다양한 이미지** 텍스트만 잔뜩 있는 것보다는 사진과 비디오 등이 추가된 내용이 읽는 사람의 부담을 훨씬 덜어 준다.

- 적절한 링크의 활용 스마트폰을 통해 정보를 주로 접하는 사람은 젊은 경우가 많다. 이들은 많은 경험을 통해 링크의 내용이 적절한지 의심이 많다. 기사의 내용을 제대로 뒷받침하는지, 미심쩍거나 불확실한 내용은 없는지 잘 통제하는 것이 좋다.
- 영상과 사진 짧은 비디오나 사진을 올리는 것은 점점 더 쉬워지고 있다. 기사의 내용에 맞게 제작된 내용을 첨부하라.
- 역지사지 독자의 입장에서 생각해야 한다. 대부분은 공급자 입장에서 판단하고 자신이 원하는 것을 올리기 쉽다. 그러고는 수요자가 몰리지 않는다고 불평한다.
- 깊은 내용의 기사 스마트폰으로 기사를 읽는다고 해서 짧고 간단한 기사만을 원한다고 생각하는 것은 오해이다. 정말로 많은 정보와 깊이 있는 이해, 구체적인 내용을 담고 있다면 5,000자짜리 기사도 기꺼이 읽을 스포츠 팬은 많다. 동영상의 길이는 흔히 2분 이내의 짧은 영상이 효과적이라고 한다. 국내 포털 사이트의 스포츠 영상을 조사한 결과 1분과 2분 사이가 30%를 넘었다(박영훈, 2018). 그러나 3분, 5분짜리 콘텐츠도 특정 장면만이 아니라 장면이 이뤄지기까지의 과정을 알 수 있어 수요가 높으며, 비즈니스 전문 블로그 위즈앤비즈Wis & Biz는 6분에서 12분까지의 길이도 내용이 담보된다면 충분히 시선을 끈다고 한다.

- 스포츠 이외의 내용 스포츠 팬은 단지 스포츠만 사랑하지는 않는다. 특히 젊은 팬들은 영화와 음악, 연극 등 관심이 다양하다. 패션과 스포츠를 연결한 스포츠 기사의 수요가 의외로 많다는 사실은 잘 알려져 있지 않다.

스포츠 기자의 콘텐츠 그리고 브랜드 파워

국내외 미디어 환경은 생존을 위한 치열한 전쟁터로 변했다. 단순한 경쟁이 아니라 사활을 건 전쟁이다. 데이터 저널리즘, 마이크로 저널리즘, 하이퍼로컬hyper-local 저널리즘, 솔루션 저널리즘, 인터랙티브 스토리텔링 등 수많은 용어들이 난무하고 있다. 뉴스의 미래에 대한 '불안한 눈빛'과 뉴스 신뢰도에 대한 '의심스러운 시선'은 나날이 깊어지고 있다. 특히 '종이신문의 종말'이라는 예언과 맞물리며 비장한 분위기까지 만들어 내고 있다.

'미디어와 저널리즘과 저널리스트는 과연 사라지고 있는가?'라는 질문에 '전혀 그렇지 않다.'고 대답하겠다. 이 책의 서두에서 밝혔듯이 미디어 빅뱅시대가 이미 시작되었고, 이는 단지 무한경쟁을 의미할 뿐이다. 여전히 정보와 뉴스의 가치가 중요하기 때문에 저널리즘의 역할은 앞으로도 지속될 것이다. 그렇다면 저널리스트는? 매체(미디어)와 역할(저널리즘)이라는 문제 외에 언론 산업을 이루는 또 하나의 핵심 선수key player인 기자는 더욱 중요성이 크다고 생각한다. 콘텐츠 제작의 가장 직접적인 역할을 담당해야 할 기자 능력에 대한 요구는 더욱더 커질 것이다. 알고리즘으로 기사를 생산하는 로봇 저널리즘에 대한 논의와 확산 전망이 스포츠 기자의 미래를 어둡게 하는가? 역시 '아니오'라고 대답할 수밖에 없다.

스포츠 기자의 미래를 전망할 때 신뢰도와 브랜드라는 두 개의 단어가 열쇠 말이다. 한국 사회에서 기자에 대한 신뢰도는 '기레기'라는 조어(造語)에서 나타나듯이 부정적이다. 저널리즘과 미디어, 테크놀로지에 대한 전문적인 분석을 내놓는 'Mediagotosa.com'에 따르면 '기레기'라는 단어는 2011년 한 블로그에서 처음 나타났고 빅카인즈로 검색하면 2013년 7월에 처음 등장했다고 한다. '기레기'라는 단어는 기자들이 '소속 집단이 추구하는 정파의 이익에 따라 사실을 왜곡하거나 부분적으로 기사의 목적에 맞게 활용'한 데서 만들어진 것으로 보인다. 이는 한국의 언론 산업이 커온 과정에 영향을 받은 매우 독특한 현상이다. 개별 언론사가 얼마나 저널리즘의 원칙을 준수했느냐가 아니라 정치와의 유착 정도에 따라 부침이 있었기 때문으로 판단한다. 기자의 신뢰도는 원론적으로 취재의 정확성이나 인용의 오류 여부, 저널리즘의 가치 준수, 언론인으로서 갖춰야 될 기자의 태도 등과 관련 있다.[11] 믿을 수 없는 사람의 말은 아무도 믿지 않는다. 믿지 않게 되는 순간 기자와 기사는 생명력을 잃는다. 스포츠 기자가 독자와 시청자의 신뢰를 얻으려면 앞에서 얘기한 원론적인 부분을 강화하는 것이 유일한 방법이다. 빈틈없는 취재와 사실에 근거한 보도, 취재원과의 적절한 거리 유지, 새로운 깨달음을 줄 수 있는 통찰력, 독자를 우선하는 태도, 스포츠의 가치와 의미에 대한 존중 등이 그 예가 될 것이다.

스포츠 기자의 미래와 관련된 또 하나의 열쇠 말은 '개인 브랜드'이다. 일반적으로 스포츠 기자는 특정한 조직에 소속되어 정기적으로 기사를 작성하는 전문가로 인식되고 있다. 그러나 앞으로는 소속사보다는 기자 개인의 이름이 더 중요하다. 자신의 이름을 내걸고 진검 승부를 겨루는 무명의 개인 블로거, 유튜버, 시민기자가 점점 더 많아지고 있기 때문이다. 명함 위의 회사 이름만으로 이들과 경쟁하면 백전백패할 수밖에 없다. 개인 콘텐츠가 뒷받침되지 않으면 장삼이사(張三李四)에 지나지 않는다. 불과 얼마 전만 해도 인터넷 신문의 스포츠 담당 기자는 전통적인 미디

11) 김경모 외(2018)에 따르면 한국 일간지의 품질은 해외 유력지에 비해 너무 떨어지는 것으로 나타난다. '우수 저널리즘을 위한 프로젝트'가 개발한 PEJ 보도지수(기사 형식, 내용, 정보원천 등 포함)에서 낮은 지표를 보일 뿐 아니라 심지어 부분적으로 악화되고 있다. 일탈적 행태인 부정적 보도 관행이 두드러지는 데다 국내 일간지 간에는 이 같은 특성이 차이 나지 않는다는 점이 미래를 암울하게 한다.

어 소속 기자들과 공정하게 경쟁할 수 없었다. 샌더슨(Sanderson, 2011)은 소셜 미디어가 도입된 후 스포츠 미디어는 '완전히 새로운 볼게임'을 시작했다고 선언했다. '세인트 킬다St. Kilda의 여학생'이 올린 노골적인 사진은 기존 미디어의 역할에 의문을 던졌다. 언론인과 정보원의 관계를 변화시켰을 뿐 아니라, 아마추어 전달자에게 전문 뉴스 생산자들이 귀를 기울이게 만들었다(Rowe, 2012, pp. 253-257). 이제 스포츠 기자는 과거와는 다른 상황, 다른 조건에 노출되어 있고 완전히 새로운 기자가 필요한 시대이다. 이때 중요한 것은 스포츠 기자 개인이 갖고 있는 콘텐츠이다. 콘텐츠는 풍부한 네트워크와 오래 축적된 경험, 훌륭한 기사 작성 능력[12], 빠짐없이 취재하는 능력, 취재원과 대화하는 기술, 독자와 시청자를 향한 과거에는 없던 노력, 스포츠를 연구하고 탐구하는 자세로 가능해진다. 그리고 이렇게 해서 만들어지는 콘텐츠는 기자의 브랜드로 연결될 것이다.

종교학자인 미국의 노박(Novak, 1976)은 텔레비전이 스포츠를 점령하던 시대에 스포츠 기자들이 겁쟁이가 되었다고 한탄했다. '시대의, 문화의 수호자'인 스포츠 기자들이 방송의 위력 앞에 제 할일을 하지 못한다고 질타했다. 그러나 배관공의 이야기도 훌륭

---

12) 홍성호(2015)가 제시한 기자의 글쓰기 원칙 중 규범성, 구체성, 글로벌리즘, 품위성, 주체성, 가치중립성, 간결성 등은 특히 중요해 보인다.

한 기사가 될 수 있음을 생각할 때(Jackson & Sweeny, 2002), 수많은 스태프와 각종 기술technology과 선수가 어우러지는데 얼마나 많은 스포츠 기사가 나올지 가늠할 수도 없다. 스포츠 세계는 무한하다. 그리고 스포츠 기자는 그 무한의 세계로 기꺼이 뛰어들어야 한다.

갈라쇼 (gala show) _ 10

책에서 소개한 외국의 기사들은 본문 중간에 번역을 하였다. 그러나 원문의 아름나움을 느끼고 싶은 독자도 있으리라 생각한다. 03의 ‘You Make The Call’과 07의 미국 메이저야구 내셔널리그 디비전 시리즈의 ‘Clayton Kershaw, the unlikeliest of closers’를 담았다. 마지막 기사는 〈뉴욕타임스〉가 대대적인 혁신을 기치로 내걸었을 때 가장 성공적인 기사 중 하나로 평가받았던 ‘Snow Fall’이다.

You Make The Call[13)]

By Rick Reilly, 〈Sports Illustrated〉, 2006. 8. 14.

This actually happened. Your job is to decide whether it should have.

In a nine-and 10-year-old PONY league championship game in Bountiful, Utah, the Yankees lead the Red Sox by one run. The Sox are up in the bottom of the last inning, two outs, a runner on third. At the plate is the Sox' best hitter, a kid named Jordan. On deck is the Sox' worst hitter, a kid named Romney. He's a scrawny cancer survivor who has to take human growth hormone and has a shunt in his brain.

So, you're the coach: Do you intentionally walk the star hitter so you can face the kid who can barely swing?

Wait! Before you answer... This is a league where everybody gets to bat, there's a four-runs-per-inning max, and no stealing until the ball crosses the plate. On the other hand, the stands are packed and it is the title game.

---

13) 03 스포츠 기사의 리드와 엔딩 '당신의 판정'의 원문 기사

So ... do you pitch to the star or do you lay it all on the kid who's been through hell already?

Yanks coach Bob Farley decided to walk the star.

Parents booed. The umpire, Mike Wright, thought to himself, Low-ball move. In the stands, Romney's eight-year-old sister cried. "They're picking on Romney!" she said. Romney struck out. The Yanks celebrated. The Sox moaned. The two coaching staffs nearly brawled.

And Romney? He sobbed himself to sleep that night.

"It made me sick," says Romney's dad, Marlo Oaks. "It's going after the weakest chick in the flock."

Farley and his assistant coach, Shaun Farr, who recommended the walk, say they didn't know Romney was a cancer survivor. "And even if I had," insists Farr, "I'd have done the same thing. It's just good baseball strategy."

Romney's mom, Elaine, thinks Farr knew. "Romney's cancer was in the paper when he met with President Bush," she says. That was thanks to the Make-A-Wish people. "And [Farr] coached Romney in basketball. I tell all his coaches about his condition."

She has to. Because of his radiation treatments, Romney's body may not produce enough of a stress-responding hormone if he is seriously injured, so he has to quickly get a cortisone shot or it could be life-threatening. That's why he wears a helmet even in center field. Farr didn't notice?

The sports editor for the local Davis Clipper, Ben De Voe, ripped the Yankees' decision. "Hopefully these coaches enjoy the trophy on their mantel," De Voe wrote, "right next to their dunce caps."

Well, that turned Bountiful into Rancorful. The town was split – with some people calling for De Voe's firing and describing Farr and Farley as "great men," while others called the coaches "pathetic human beings." They "should be tarred and feathered," one man wrote to De Voe. Blogs and letters pages howled. A state house candidate called it "shameful."

What the Yankees' coaches did was within the rules. But is it right to put winning over compassion? For that matter, does a kid who yearns to be treated like everybody else want compassion?

"What about the boy who is dyslexic – should he get special treatment?" Blaine and Kris Smith wrote to the

Clipper. "The boy who wears glasses – should he never be struck out? ... NO! They should all play by the rules of the game."

The Yankees' coaches insisted that the Sox coach would've done the same thing. "Not only wouldn't I have," says Sox coach Keith Gulbransen, "I didn't. When their best hitter came up, I pitched to him. I especially wouldn't have done it to Romney."

Farr thinks the Sox coach is a hypocrite. He points out that all coaches put their worst fielder in right field and try to steal on the weakest catchers. "Isn't that strategy?" he asks. "Isn't that trying to win? Do we let the kid feel like he's a winner by having the whole league play easy on him? This isn't the Special Olympics. He's not retarded."

Me? I think what the Yanks did stinks. Strategy is fine against major leaguers, but not against a little kid with a tube in his head – whether you know he had cancer or not. Just good baseball strategy? This isn't the pros. This is: Everybody bats, one-hour games. That means it's about fun. Period.

What the Yankees' coaches did was make it about them,

not the kids. It became their medal to pin on their pecs and show off at their barbecues. And if a fragile kid got stomped on the way, well, that's baseball. We see it all over the country – the over caffeinated coach who watches too much Sports Center and needs to win far more than the kids, who will forget about it two Dove bars later.

By the way, the next morning, Romney woke up and decided to do something about what happened to him.

"I'm going to work on my batting," he told his dad. "Then maybe someday I'll be the one they walk."

출처: https://www.si.com/vault/2006/08/14/8383772/you-make-the-call

NLDS Game 5: Clayton Kershaw, the unlikeliest of closers[14)]

By Tim Brown(MLB columnist), yahoo! sports column, 2016. 10. 14.

WASHINGTON – From the bullpen beyond left field, standing in shin guards, his mask propped on his forehead, sweating from a decent night's work, Steve Cilladi focused on the figure walking toward him. This, Cilladi concluded, must be the next man up. He knew the walk – head bent forward, eyes a yard or two in front of his feet, a glove in one hand, his other hand curled in a light fist, his gait heavy – the one he'd seen so many dozens of times, only before games. This could only be one guy. Cilladi lowered his mask.

Game 5 of the National League Division Series was headed into its fifth hour. The Washington Nationals played furiously from a run behind. The Los Angeles Dodgers propped their closer, Kenley Jansen, in front of that lead with none out in the seventh inning and the potential tying run at first base. He'd pitched through the heart of the Nationals' order in the seventh, 21 pitches in all, then passed his manager on the

---

14) 07 코너스툴(corner stool) '내셔널리그 디비전 시리즈 5차전: 클레이튼 커쇼, 가장 상상할 수 없었던 마무리 투수'의 원문 기사

way into the dugout and said, "Don't take me out, Doc. Don't take me out. I got this thing."

Jansen pitched the eighth inning, too. Sixteen more pitches, still holding down a 4-3 lead, still rearing up with his cut fastball, sometimes straining to touch 97 mph, sometimes mustering but 92, always thinking, "Don't take me out. I got this thing."

Nationals Park was awash in red. Many of the nearly 44,000 could not be convinced to sit, or to quiet down, or to run for the last Metro out of the Navy Yards. Losers twice here, in the division series, in the past four years, the Nationals were different this time. They were together, and better, and led by a man who knew the way. No, the people would stand and scream and wait on this victory into the fifth hour, wait on this Kenley Jansen to crack, wait on Harper or Werth or Murphy or somebody to crack him.

In the dugout, Clayton Kershaw turned to his pitching coach, Rick Honeycutt.

"Is the plan for Kenley to go three?" he asked.
"Right now," Honeycutt said, "that's the plan."
"I feel good," Kershaw said.
"Absolutely not," Honeycutt said. "Absolutely not."

Kershaw, about the best thing to happen to the Dodgers ever, had thrown 110 pitches two days before, in Los Angeles. And 101 four days before that. He'd done his part. The Dodgers, losers twice here, in the division series, the past two seasons, would win or not with the other 24. They were together, and better, and led by a new man they hoped would know the way.

Kershaw turned away. Honeycutt watched him approach Dave Roberts, who six hours before had been asked if Kershaw could perhaps get a batter or two in Game 5. He said absolutely not.

"I appreciate it," he told Kershaw. "No way. No way."
"I feel good," Kershaw said. "It's my side day."

When Honeycutt saw Kershaw again, he – Kershaw – had changed into his spikes. He'd traded his hoodie for a warm-up jacket. Jansen, resting between innings, noticed Kershaw in the tunnel, noticed something different.

"Wait a minute," he said to himself, "am I dreaming?"

Kershaw left the dugout. Before he did, Roberts told him, "You go down there and throw. If it gets to Murphy, you got him."

"If you need me," Kershaw said, "I'll be ready."

He walked diagonally, across a corner of left field. The crowd recognized him, knew what might follow, and booed. Cilladi, the bullpen catcher, was up in the catching rotation. He watched Kershaw approach.

"I thought it was a little bit eerie," he said.

There was nothing urgent in any of it. Not in Kershaw's stroll across the outfield. Not in his entrance into the bullpen. Not in the way he removed his jacket, or stretched his arms, and torso, and legs. Not in anything he said, because he said nothing, only accepted a baseball and pawed briefly at the mound. Cilladi crouched behind the plate, set up for a fastball on the corner, and Kershaw hit the mitt.

"He may have missed his spot maybe three times as he was getting loose," Cilladi said. "The ball was just, I don't know how to explain it. It was hard. Heavy. Like nothing I'd seen."

Kershaw had made a relief appearance in 2008, his rookie season. Another in 2009. Once, in the minor leagues, he'd registered a save. That was in 2006. Rookie ball. His catcher that day was a young, bulky kid learning the position, name of Kenley Jansen.

Strange game, Thursday night, bleeding into Friday morning. The Nationals posted a run in the second inning against Dodgers starter Rich Hill, and otherwise put runners on base and failed to score them. They appeared to entrust that one run to their ace, Max Scherzer, who didn't allow a hit until the fifth inning, and didn't allow a run until his last pitch, his 99th, which Joc Pederson hit opposite field into the Dodgers' bullpen. That was the seventh inning, when the Dodgers jumped Scherzer and five Nationals' relievers for four runs. They led 4-1. Roberts hoped to steal an inning, the bottom of the seventh, with 28-year-old rookie Grant Dayton. Dayton walked his first batter, allowed a pinch-hit home run to Chris Heisey the next batter, and then a single to his third batter. Roberts summoned Jansen for what could be nine outs, but really for however many Jansen was capable. He'd take eight. Or seven. Whatever he had.

"All I gotta do is trust what I did the whole season," he thought.

The Nationals threatened. Jansen crept past 40 pitches. In the bullpen, Kershaw, by the ninth inning, was warm. He'd throw a pitch, receive the ball from Cilladi, and they'd both stand and watch Jansen's next pitch. Jansen struck out Trea Turner to start the ninth inning. Two more outs.

“I was not going to quit,” Jansen said. “I’m not going to go out like that. I’m going to go out like a man.”

He walked Bryce Harper on four pitches. He was at 45 pitches. He’d never thrown more than 42 in a game. He walked Jayson Werth, ball four on a 97-mph cutter, all he had left. Daniel Murphy was next. He was 7 for 15 in the series.

Roberts came to the mound. He smiled. From Day One, all Roberts had asked from any of them was give what they had to give. Jansen and Roberts, along with four Dodgers infielders and one Dodgers catcher – Carlos Ruiz – turned and watched the bullpen door open. Kershaw jogged across the outfield grass, 59 steps. He pulled up at shortstop and walked the rest, another 18.

“The best feeling in the world,” Jansen said, “to know the best pitcher in the game has your back.”

By then, early Friday morning had come. The destiny of two franchises waited. One would go to Chicago the next morning. The other would pack for winter. Two runners on. One out. Murphy in October. Kershaw two outs to get.

Andrew Friedman, the Dodgers’ president of baseball operations, looked down from his suite.

"I can't say enough about Kenley," he'd say later. "He was absolutely incredible. As gutsy a performance as I've ever seen. He absolutely left everything on that mound tonight."

Kershaw threw a handful of warm-up pitches. In the run-up to Game 5 – Rich Hill on three days' rest – baseball ops had discussed every possible strategy to milk nine innings from its pitching staff, but one.

"We didn't even talk about it," Friedman said. "We walked through so many different scenarios. None of them involved Kershaw."

Indeed, when Kershaw walked to the bullpen an inning before, Friedman said, "I thought it was a decoy."

Charlie Culberson, the second baseman, stood beside the mound. He watched Kershaw arrive. Murphy being a left-handed hitter, Culberson thought he might ask Kershaw his plan of attack so he could better position himself. He raised an eyebrow at Adrian Gonzalez, who shook his head. Don't ask. Culberson picked up the rosin bag, patted his bare hand with it, and walked to his place.

Murphy popped to Culberson on the second pitch, a 94-mph fastball. The pitcher's spot was due up next. After 4½ hours of baseball, Nationals manager Dusty Baker had one position player left. While Jansen paced in the Dodgers' dugout, rookie Wilmer Difo strung out his at-bat for five pitches, and swung over the top of a 1-and-2 curveball.

Kershaw raised his arms. Soon, he was engulfed by teammates. The game had gone four hours, 32 minutes. The series had gone five games. It had started with Kershaw, paused near the middle with Kershaw, and ended with Kershaw. And they all felt a part. They all were a part. In a quiet stadium, they hooted and hugged on shaky legs.

"It's a satisfying feeling tonight, no doubt, and we're going to enjoy it and we're going to celebrate tonight and we're going to have a lot of fun doing it," Kershaw said. "But tomorrow we're going to Chicago."

Steve Cilladi was drenched in beer, in Champagne, in whatever could be spilled. He held a bottle in one hand, a plate of food in the other. His eyes shone with what he'd seen, with the memory of the tug of his mitt when he'd sat 60 feet from Kershaw, with the sight of Kershaw walking back across that outfield.

"That," he said, "was pretty freakin' cool."

출처: https://sports.yahoo.com/news/how-clayton-kershaw-served-as-the-dodgers-closer-for-one-night-081200272.html

Snow Fall: The Avalanche at Tunnel Creek[15)]

By John Branch, 〈The New York Times〉, 2012. 12. 20.

The snow burst through the trees with no warning but a last-second whoosh of sound, a two-story wall of white and Chris Rudolph's piercing cry: "Avalanche! Elyse!"

The very thing the 16 skiers and snowboarders had sought – fresh, soft snow – instantly became the enemy. Somewhere above, a pristine meadow cracked in the shape of a lightning bolt, slicing a slab nearly 200 feet across and 3 feet deep. Gravity did the rest.

Snow shattered and spilled down the slope. Within seconds, the avalanche was the size of more than a thousand cars barreling down the mountain and weighed millions of pounds. Moving about 70 miles per hour, it crashed through the sturdy old-growth trees, snapping their limbs and shredding bark from their trunks.

---

15) 〈뉴욕타임스〉의 'Snow Fall(강설, 强雪)'은 인터랙티브(interactive) 뉴스로, 미국 워싱턴 주의 캐스케이드 산맥의 눈사태를 스토리텔링 방식으로 접근한 디지털 기획이다. 이 기사는 독자가 인터넷상의 스크롤을 내릴 때마다 사진(위성사진, 산사태를 재구성한 화면, 구글 지도 등)과 글이 나오고, 클릭을 하면 인터뷰 동영상이 음성과 함께 재생된다. 'Snow Fall'은 전 세계의 언론들의 주목을 받았으며, 2013년 퓰리처상을 수상하였다.

The avalanche, in Washington's Cascades in February, slid past some trees and rocks, like ocean swells around a ship's prow. Others it captured and added to its violent load.

Somewhere inside, it also carried people. How many, no one knew.

The slope of the terrain, shaped like a funnel, squeezed the growing swell of churning snow into a steep, twisting gorge. It moved in surges, like a roller coaster on a series of drops and high-banked turns. It accelerated as the slope steepened and the weight of the slide pushed from behind. It slithered through shallower pitches. The energy raised the temperature of the snow a couple of degrees, and the friction carved striations high in the icy sides of the canyon walls.

Elyse Saugstad, a professional skier, wore a backpack equipped with an air bag, a relatively new and expensive part of the arsenal that backcountry users increasingly carry to ease their minds and increase survival odds in case of an avalanche. About to be overtaken, she pulled a cord near her chest. She was knocked down before she knew if the canister of compressed air inflated winged pillows behind her head.

She had no control of her body as she tumbled downhill. She did not know up from down. It was not unlike being cartwheeled in a relentlessly crashing wave. But snow does not recede. It swallows its victims. It does not spit them out.

Snow filled her mouth. She caromed off things she never saw, tumbling through a cluttered canyon like a steel marble falling through pins in a pachinko machine.

At first she thought she would be embarrassed that she had deployed her air bag, that the other expert skiers she was with, more than a dozen of them, would have a good laugh at her panicked overreaction. Seconds later, tumbling uncontrollably inside a ribbon of speeding snow, she was sure this was how she was going to die.

Moving, roiling snow turns into something closer to liquid, thick like lava. But when it stops, it instantly freezes solid. The laws of physics and chemistry transform a meadow of fine powder into a wreckage of icy chunks. Saugstad's pinwheeling body would freeze into whatever position it was in the moment the snow stopped.

After about a minute, the creek bed vomited the debris into a gently sloped meadow. Saugstad felt the snow slow and tried to keep her hands in front of her. She knew from avalanche safety courses that outstretched hands might puncture the ice surface and alert rescuers. She knew that if victims ended up buried under the snow, cupped hands in front of the face could provide a small pocket of air for the mouth and nose. Without it, the first breaths could create a suffocating ice mask.

The avalanche spread and stopped, locking everything it carried into an icy cocoon. It was now a jagged, virtually impenetrable pile of ice, longer than a football field and nearly as wide. As if newly plowed, it rose in rugged contrast to the surrounding fields of undisturbed snow, 20 feet tall in spots.

Saugstad was mummified. She was on her back, her head pointed downhill. Her goggles were off. Her nose ring had been ripped away. She felt the crushing weight of snow on her chest. She could not move her legs. One boot still had a ski attached to it. She could not lift her head because it was locked into the ice.

But she could see the sky. Her face was covered only with loose snow. Her hands, too, stuck out of the snow, one still covered by a pink mitten.

Using her hands like windshield wipers, she tried to flick snow away from her mouth. When she clawed at her chest and neck, the crumbs maddeningly slid back onto her face. She grew claustrophobic.

Breathe easy, she told herself. Do not panic. Help will come. She stared at the low, gray clouds. She had not noticed the noise as she hurtled down the mountain. Now, she was suddenly struck by the silence.

Tunnel Creek

The Cascades are among the craggiest of American mountain ranges, roughly cut, as if carved with a chain saw. In summer, the gray peaks are sprinkled with glaciers. In winter, they are smothered in some of North America's deepest snowpack.

The top of Cowboy Mountain, about 75 miles east of Seattle, rises to 5,853 feet – about half the height of the tallest Cascades, but higher than its nearest neighbors, enough to provide 360-degree views. It feels more like a long fin than a summit, a few feet wide in parts. Locals call it Cowboy Ridge.

To one side, down steep chutes, is Stevens Pass ski area, which receives about 400,000 visitors each winter. To the other, outside the ski area's boundary to what is considered the back of Cowboy Mountain, is an unmonitored play area of reliably deep snow, a "powder stash," known as Tunnel Creek.

It is a term with broad meaning. The name is derived from the Cascade Tunnel, originally a 2.6-mile railroad tube completed in 1900 that connected the east and west sides of the Cascades, a boon for the growth of Seattle and Puget Sound. The mountain pass that it burrowed beneath was named for the project's engineer, John Frank Stevens, who later helped build the Panama Canal.

In late February 1910, ceaseless snowstorms over several days marooned two passenger trains just outside the tunnel's west portal. Before the tracks could be cleared, the trains were buried by what still stands as the nation's deadliest avalanche. It killed 96 people.

Bodies were extricated and wrapped in blankets from the Great Northern Railway, then hauled away on sleds. Some were not found until the snow melted many months later.

To skiers and snowboarders today, Tunnel Creek is a serendipitous junction of place and powder. It features nearly 3,000 vertical feet – a rarely matched descent – of open meadows framed by thick stands of trees. Steep gullies drain each spring's runoff to the valley floor and into a small, short gorge called Tunnel Creek.

The area has all of the alluring qualities of the backcountry – fresh snow, expert terrain and relative solitude – but few of the customary inconveniences. Reaching Tunnel Creek from Stevens Pass ski area requires a ride of just more than five minutes up SkyLine Express, a high-speed four-person chairlift, followed by a shorter ride up Seventh Heaven, a steep two-person lift. Slip through the open boundary gate, with its "continue at your own risk" warning signs, and hike 10 minutes to the top of Cowboy Mountain.

When snow conditions are right, the preferred method of descent used by those experienced in Tunnel Creek, based on the shared wisdom passed over generations, is to hopscotch down the mountain through a series of long meadows. Weave down the first meadow, maybe punctuate the run with a jump off a rock outcropping near the bottom, then veer hard left, up and out of the narrowing gully and into the next open glade.

Another powder-filled drop ends with another hard left, into another meadow that leads to the valley floor.

Tunnel Creek is, in the vernacular of locals, a "hippie pow run" – breezy and unobstructed, the kind that makes skiers giggle in glee as they descend through a billowing cloud of their own soft powder and emerge at the bottom coated in white frosting.

Despite trends toward extreme skiing (now called freeskiing), with improbable descents over cliffs and down chutes that test the guile of even the fiercest daredevils, the ageless lure of fresh, smooth powder endures.

But powder and people are key ingredients for avalanches. And the worry among avalanche forecasters, snow-science experts and search-and-rescue leaders is that the number of fatalities – roughly 200 around the world each year – will keep rising as the rush to the backcountry continues among skiers, snowboarders, climbers and snowmobilers.

The backcountry represents the fastest-growing segment of the ski industry. More than ever, people are looking for fresh descents accessible by helicopters, hiking or even the simple ride up a chairlift.

Before 1980, it was unusual to have more than 10 avalanche deaths in the United States each winter. There were 34 last season, including 20 skiers and snowboarders. Eight victims were skiing out of bounds, legally, with a lift ticket. And many of the dead were backcountry experts intimate with the terrain that killed them.

"It's a cultural shift, where more skiers are going farther, faster, bigger," said John Stifter, the editor of Powder magazine, who was a part of the group at Tunnel Creek in February. "Which is tending to push your pro skiers or other experienced, elite-level backcountry skiers that much farther, faster and bigger, to the point where there's no margin for error."

No one knows how many avalanches occur. Most naturally triggered slides are never seen. Those set off by humans are rarely reported unless they cause fatalities or property damage.

But avalanches occur in Tunnel Creek regularly. Its slopes, mostly from 40 to 45 degrees, are optimal for avalanches — flat enough to hold deep reservoirs of snow, yet steep enough for the snow to slide long distances when prompted. The long elevation drop means snow can be fluffy at the top and slushy at the bottom. Temperatures, wind and precipitation change quickly, and something as welcome as a burst of sunshine can alter the crystallized bonds deep inside the snow. And because Tunnel Creek is outside the ski area, it is not patrolled or specifically assessed for danger.

In March 2011, a University of Washington student was caught in an avalanche in Tunnel Creek. Having been carried into a stand of trees, he was unburied by friends within minutes and found dead. Three others were partially buried about an hour later when the ski patrol's arrival set off a second avalanche.

Many of the most experienced locals view Tunnel Creek with a mix of awe and fear.

"I've always been a naysayer of Tunnel Creek," the snowboarder Tim Wesley said. "I've seen a big avalanche back there before. It has about 2,600 vertical feet. Not typical. The snow changes a lot in that distance. That's the reason I always have a second thought about Tunnel Creek. In Washington, there's a saying: If you don't like the weather, wait five minutes. And it's true. You'll be on the chair and it'll be freezing, and then all of a sudden there's a warm breeze that smells like the ocean."

Even those who are not leery of Tunnel Creek on the best days heed the pass-it-on warning of the experienced: stay left.

To head straight down to the bottom is to enter what experts call a terrain trap: a funnel of trouble and clumsy skiing, clogged with trees and rocks and confined by high walls. Few go that way intentionally.

Chris Rudolph, the effervescent 30-year-old marketing manager for Stevens Pass, knew the preferred route down. Tunnel Creek was his favorite at-work diversion. Earlier that weekend, he mentioned plans for a field trip to Tunnel Creek to a select group of high-powered guests and close friends.

The operations manager for Stevens Pass agreed to pick up the group in one of the ski area's trucks at the end of its descent. From the bottom of Tunnel Creek, it is about a half-mile trek through deep snow to U.S. 2, then a four-mile ride back to Stevens Pass.

At 11:32 a.m. on Sunday, Feb. 19, heading up the mountain, Rudolph sent a text message to the operations manager.

"A big posse," Rudolph wrote.

A Plan in Motion

Like many ideas that sound good at the time, skiing Tunnel Creek was an idea hatched in a bar.

It was Saturday, Feb. 18, the afternoon light fading to dusk. Outside the Foggy Goggle, a bar at the base of the ski area, the snow continued to fall, roughly an inch an hour. By morning, there would be 32 inches of fresh snow at Stevens Pass, 21 of them in a 24-hour period of Saturday and Saturday night.

That was cause for celebration. It had been more than two weeks since the last decent snowfall. Finally, the tired layer of hard, crusty snow was gone, buried deep under powder.

Rudolph promoted Stevens Pass with restless zeal. In seven years there, he helped turn a relatively small, roadside ski area into a hip destination.

He unabashedly courted ski journalists and filmmakers to take a look. They, in turn, gave Stevens Pass star turns in magazines and popular ski movies, raising the area's cool quotient.

Rudolph was the oldest of three children raised in California's Bay Area by outdoors-minded parents. The young family pulled a pop-up Coleman camper around the West and skied at the areas around Lake Tahoe. The grown siblings continued to vacation with their parents, climbing peaks like Mount Whitney in California and Mount Rainier in Washington.

Rudolph peppered his language with words like "rad" and "stoked." But he was no simple-minded ski bum. He was an Eagle Scout with a marketing degree. When he applied at Stevens Pass years earlier, he sent a video of himself speaking, skiing and mountain biking. He included a bag of popcorn for the viewer. He got the job.

Children knew Rudolph because he kept his pockets full of Stevens Pass stickers. He starred in self-deprecating Webcasts promoting Stevens Pass. He wrote poetry on his blog and strummed a guitar. He drank Pabst Blue Ribbon, the unofficial beer of irony and the hipster generation.

Tunnel Creek was where he took special guests. And it is where he wanted to take the tangled assortment of high-caliber skiers and industry insiders who, as if carried by the latest storm, had blown into Stevens Pass that weekend.

Many of them happened into the Foggy Goggle on Saturday night.

Among them were professional skiers like Saugstad, 33, a former champion of the Freeride World Tour. There were reporters and editors from Powder magazine and ESPN. There were executives from ski equipment and apparel companies. There were Stevens Pass regulars, some with broad reputations in the niche world of skiing, glad to spend time with the assortment of guests.

"It was a very, very deep, heavy, powerful, strong group of pro skiers and ski industry people," said Keith Carlsen, a photographer and former editor of Powder.

Rudolph was the connecting thread. Some visitors, like Saugstad, were at Stevens Pass for a promotional event aimed at expert female skiers, sponsored by Salomon, the ski equipment maker. Rudolph skied with the group all day Saturday. He organized and hosted a catered dinner for the women later that night in Leavenworth, a serious outdoors town dressed as a Bavarian village, 35 miles downhill to the east.

Powder had come to spotlight Stevens Pass for a feature article on night skiing. When the magazine's editor, John Stifter, arrived by train to Leavenworth two days earlier, he found Rudolph's car waiting for him. Inside were keys to the car, keys to a slope-side cabin and two Pabst Blue Ribbons in the cup holders.

At the bar, Rudolph mentioned an idea to a few people: Tunnel Creek on Sunday. Invitations traveled in whispers and text messages, through a knot of friendships and slight acquaintances.

Meet at the fire pit, on the stone deck at Granite Peaks Lodge, at 11. Rudolph thought his Sunday morning staff meeting would end by then.

As darkness enveloped Stevens Pass on Saturday night, stadium-style lights flooded the slopes in white light, and snowflakes fell in cotton-ball clumps.

Rudolph and those with the Salomon event left for dinner in Leavenworth. Stifter, 29, and Carlsen, 38, headed outside to work on their article for Powder.

"I skied just off the trail, not out of bounds, but in the ski resort, to shoot some of these night shots I took," Carlsen said. “And in tree wells I was, like, neck deep – easily nipple deep, wading around in snow, trying to get my angle. There was so much new snow.”

With the daytime crowds gone, the nighttime atmosphere was festive and the faces were familiar. Families played in the deepening snow. More serious skiers and snowboarders sought the freshest powder.

There are no public accommodations at Stevens Pass, only a parking lot available to a few dozen campers and recreational vehicles. As the evening wound down, several of those with loose plans to ski Tunnel Creek the next morning huddled in the R.V. lot around a fire. Carlsen continued taking photographs. Stifter and others ducked inside one camper to watch homemade videos of others skiing Tunnel Creek over the past couple of decades.

“So it’s something they skied often,” Stifter said. “Not something like, ‘We’re going to go ski Tunnel!’ Not like a once-a-year deal.”

The flames in the fire died to orange embers. The last beers were sipped empty, and people slipped into the night. The campers were blanketed with snow.

Beyond the lights glowing from the ski area, snow still fell over the ridge, too, in the vast darkness of steep meadows and narrow gullies just past the western edge of Stevens Pass.

Each snowflake added to the depth, and each snowflake added to the weight. It might take a million snowflakes for a skier to notice the difference. It might take just one for a mountain to move.

출처: http://www.nytimes.com/projects/2012/snow-fall/index.html#/?part=tunnel-creek

참고문헌

고영신(2007). 『디지털시대의 취재보도론: 고영신의 저널리즘 강의』. 파주: 나남.

김경모 · 박재영 · 배정근 · 이나연 · 이재경(2018). 『기사의 품질: 한국 일간지와 해외 유력지 비교연구』. 서울: 이화여자대학교출판문화원.

김창회(2017). 『(멀티미디어 시대) 실전 취재보도론』. 서울: 나눔커뮤니케이션.

남재일 · 이재훈(2014). 『저널리즘 글쓰기의 논리』. 서울: 커뮤니케이션북스.

박영훈(2018). 『인터넷 포털사이트 스포츠 영상 콘텐츠 이용 현황 분석을 통한 이용 증대 방안 연구: 축구 영상 콘텐츠를 중심으로』. 상명대학교 대학원 석사학위논문.

박재영 · 박성호 · 안수찬 · 이종명 · 민혜영 · 용미란 외(2017). 『저널리즘의 지형: 한국의 기자와 뉴스』. 서울: 이채.

박종화(2012). 『미디어 문장과 취재 방법론』. 서울: 한울.

배정근(2011). 『저널리즘 글쓰기』. 서울: 커뮤니케이션북스.

유임하 · 허진석(2012). 『미디어를 요리하라: 스포츠맨을 위한 40가지 인터뷰 매뉴얼』. 파주: 서해문집.

윤득헌(2008). 『스포츠와 미디어』. 서울: 레인보우북스.

이건호(2017). 『언론 글쓰기, 이렇게 한다: 예비 언론인을 위한 기획기사 작성 방법』. 파주: 한울.

이재경(2016). 『기사 작성의 기초』. 서울: 나무와 숲.

하준우(2017). 『기사쓰기 워크북』. 파주: 나남.

홍성호(2015). 『저널리즘 글쓰기 10원칙』. 서울: 커뮤니케이션북스.

Bird, S. E., & Dardenne, R. W.(1990). News and storytelling in American culture: Reevaluating the sensational dimension. *Journal of American Culture, 13*(2), 33-37.

Boyle, R., Rowe, D., & Whannel, G.(2010). Delight in trivial controversy: Questions for sports journalism. In S. Allan (Ed.), *The Routledge companion to news and journalism* (pp. 245-255). NY: Routledge.

Craig, S.(2002). *Sports writing: A beginner's guide.* Shoreham, VT: Discover Writing Press.

Gisondi, J.(2018). *Field guide to covering sports* (2nd ed.). Thousand Oaks, CA: CQ Press.

Harcup, T.(2009). *Journalism: Principles and practice.* 황태식 (역) (2012). 『저널리즘: 원리와 실제』. 서울: 명인문화사.

Horky, T., & Stelzner, B.(2015). Sports reporting and journalistic principles. In P. M. Pedersen (Ed.). *Handbook of sport communication* (pp. 118-127). NY: Routledge.

Jackson, D., & Sweeny, J.(2002). *The journalist's craft: A guide to writing better stories.* NY: Allworth Press.

Novak, M.(1976). The game's the thing: A defense of sports as ritual. *Columbia Journalism Review, 15*(1), 33-38.

Reinardy, S., & Wanta, W.(2009). *The essentials of sports reporting and writing.* NY: Routledge.

Rowe, D.(1992). Modes of sports writing. In P. Dahlgren & C. Sparks (Ed.). *Journalism and popular culture* (pp. 96-112). London: Sage.

Rowe, D.(2004). *Sport, culture and the media* (2nd ed.). UK: Open University Press.

Rowe, D.(2012). *Global media sport: Flows, forms and futures.* 유상건 · 노광우 (공역) (2018). 『글로벌 미디어 스포츠: 흐름, 형태 그리고 미래』. 서울: 명인문화사.

Sanderson, J.(2011). *It's whole new ball-game.* NY: Hampton Press Inc.

Stoldt, G. C., Dittmore, S. W., & Branvold, S. E.(2012). *Sport public relations: Managing stakeholder communication* (2nd ed.), Champaign, IL: Human Kinetics.

Surface, B.(1972). The shame of the sports beat. *Columbia Journalism Review, 10*(5). 48-55.

Wilstein, S.(2002). *Sports writing handbook.* NY: McGraw-Hill.